100 Rezepte

Kalte Platten

für jeden Anlaß

100 Rezepte

Kalte Platten für jeden Anlaß

von

Armin Roßmeier

Unipart-Verlag · Stuttgart

Inhalt

ISBN 3 8122 3337 1

Vorwort

Viele Menschen verbinden den Begriff der Kalten Platte nur mit glanzvollen Buffets bei großen Empfängen in diplomatischen Botschaften oder mit opulenten Tafeln in Königs- und Fürstenhäusern. Wohl jeder kennt Bilder von solchen prächtigen Buffets, wo die Speisen sich wie Kunstwerke türmen und die Tische sich unter der Last scheinbar biegen. Andereseits kennen wir alle die Szenen bei der Schlacht am Kalten Buffet, die Jagd nach den besten Stücken bei einem knappen Angebot.

Aber das sind nur zwei Aspekte der Kalten Küche, und nicht einmal die wichtigsten. In diesem Buch habe ich mir vorgenommen, Ihnen die Kalten Platten mit all ihren anderen, bunten Aspekten vorzuführen und vor allem schmackhaft zu machen.

Da doch die wenigsten von uns in Botschaftshäusern oder an Fürstenhöfen leben, will ich Ihnen zeigen, wie man die Kalte Platte im gewöhnlichen Alltag einsetzen kann; und wie man dadurch zugleich dem grauen Alltag einige Glanzlichter aufsetzt.

Vielleicht sollte man gleich zu Beginn einem häufigen Mißverständnis vorbeugen: Kalte Platten sind keine Schnelle Küche. Sie erfordert ebenso viel Aufwand, aber auch Kenntnisse, Geschick und Phantasie wie das Kochen allgemein. Doch das wird den Liebhaber der guten Küche nicht abschrecken; denn der nimmt sich gerne die Zeit zum Kochen und Vorbereiten, spart lieber bei unwichtigen Dingen.

Eine kalte Platte kann man nicht in Windeseile auf den Tisch zaubern. Jedenfalls nicht, wenn man dem Essen die Sorgfalt und Aufmerksamkeit schenkt, die es verdient. Schließlich essen wir ja nicht nur, um möglichst schnell satt zu werden. Beim Essen und auch schon bei der Vorbereitung sollte man sich entspannen und in aller Ruhe vorgehen. Dann wird man auch für eine kalte Platte die Zutaten sorgfältig auswählen, anrichten und zu einem Bild arrangieren, das auch dem Auge Freude bereitet.

Es gibt unzählige Anlässe für die Kalte Platte. Das reicht vom Sektfrühstück am Hochzeitstag bis zum bunten Kindergeburtstag, vom kleinen bis zum großen Familienfest, vom Brunch über die Vernissage bis zum Empfang im Büro; vom Picknick im Grünen bis zum Camping.

Bei allen Festen, von den kleinen bis zu den ganz großen, können Sie mit den Kalten Platten entscheidend zum Gelingen beitragen. Denn ob sie nun als Hausfrau oder Hausmann in der Küche Regie führen, eines wollen Sie doch sicher nicht: In der Küche stehen, zwischen dampfenden Töpfen hin und her rennen, abschmecken und den Braten wenden, während draußen in der Wohnung schon die Gäste erschienen sind.

Da will jeder Gastgeber dabei sein und mit seinen Gästen die Köstlichkeiten des kalten Buffets teilen. In diesem Buch werden Sie Beispiele über Beispiele dafür finden, wie geschmackvoll, reizvoll und raffiniert Sie ein Kaltes Buffet gestalten können.

Damit Sie mit Ihren kalten Platten den Geschmack Ihrer Gäste zufriedenstellen, sind freilich zahlreiche Vorarbeiten nötig.

Das fängt natürlich beim Einkauf an. Schon hier müssen Sie sich genau überlegen, welche Speisen und Getränke Sie Ihren Gästen präsentieren. Denn gerade bei Kalten Platten und auf einem Kalten Buffet sollte alles aufeinander abgestimmt sein, sollte alles zueinander passen und sich ergänzen, was die Art der Speisen, was Form, Farbe und Geschmack betrifft. Denn auf einem Buffet stapelt man ja nicht wahllos irgendwelche Waren aufeinander; vielmehr bauen Sie eine durchdachte und phantasievolle Komposition auf, die im Glücksfall vielleicht schon ein kleines Kunstwerk ergibt.

Betrachten Sie die Vorschläge, Tips und Rezepte in meinem Buch als Farben auf einer Palette. Studieren Sie alles in Ruhe und wählen Sie aus, mit welchen Farben Sie Ihr kleines Kunstwerk gestalten wollen.

Ich bin sicher es gelingt Ihnen zu Ihrer vollen Zufriedenheit, und zu der Ihrer Gäste.

Ich wünsche Ihnen viel Spaß beim Anrichten, und guten Appetit

Ihr Armin Roßmeier

Kleine Helfer – Großer Nutzen

Gerade in der Kalten Küche ist es wichtig mit modernem und arbeitserleichternden Geräten zu arbeiten. Erst dann macht es Spaß die einzelnen Zutaten herzurichten und zu formen. Der Erfolg der ganzen Arbeit hängt davon ab, ob die Einzelteile sauber und formschön vorbereitet sind, ob die Formen und Dekorationen exakt geschnitten und aufgelegt sind. Eine Kalte Platte wird erst dann schöne, wenn die Scheiben akurat geschnitten und entsprechend dekorativ aufgelegt wurden. Es ist deshalb selbstverständlich, daß eine gute Küche das notwendige Handwerkszeug haben muß.

Sie sollten deshalb einen Überblick über diese notwendigen Küchenhelfer erhalten. Gerade gute Messer sind in den meisten Haushalten fast nicht zu finden.

Meist werden nur die einfachen und billigen mit nach Hause genommen. Dabei zahlt sich der Kauf von guten und etwas teureren Messern aus. Der Schliff hält länger und mit etwas Pflege können Sie mit diesen Messern fast ein ganzes Leben lang auskommen. Gute Messer haben zwei Eigenschaften: Sie müssen elastisch sein und sie müssen den Schnitt halten. Die Elastizität ist gerade bei der Unfallverhütung sehr wichtig. Starre Messer springen bei seitlicher Belastung sofort von dem zu bearbeitetenden Produkt ab und verursachen so sehr schnell Schnittverletzungen. Lassen Sie sich darüber hinaus beraten, welcher Griff für Sie am besten geeignet ist und vor allem, wenn Sie Ihr eigenes Messer besitzen – geben Sie es niemand anderes zur Arbeit. Jeder Koch führt das Messer anders, die Schnittfläche wird dadurch anders belastet, das Messer verliert bei mehreren Personen die Schärfe komplett. Das gleiche gilt, wenn Sie Ihr Messer mit dem Stahl oder Schleifstein abziehen.

Grundsätzlich sollten Sie Ihre Messer vor dem Gebrauch mit dem Stahl abziehen. Hierfür wird das Messer ganz flach am Stahl entlang gezogen. Wird es zu schräg gehalten, wird es sofort stumpf. Mindestens einmal im Jahr sollten dann Ihre Messer vom Fachmann nachgeschliffen werden. Am besten ist es Ihre Messer in einem Messerblock aufzubewahren, da sie so nicht mit anderen Messern in Berührung kommen. Unsere nachfolgende Auflistung zeigt Ihnen welche Messer und andere kleine Küchenhelfer Sie in der Kalten Küche benötigen:

Kuhlenmesser (Brotmesser mit Wellenschliff ca. 18 cm)
Küchenmesser (ca. 10 cm)
Gemüsemesser (groß ca. 10 cm)
Gemüsemesser (klein ca. 8 cm)
Arbeitsmesser mit dünnem Stahl (ca. 16 cm)
Fleischmesser mit kräftigem Stahl (Schlagmesser ca. 20 cm)
Bundschneidemesser
Ausbeinmesser (ca. 10 cm)
(cm-Angabe = Klingenlänge)
Fleischgabel (ca. 13 cm)
Wetzstahl, Palette, Kartoffelausstecher, Apfelausstecher, Küchenschere, Julienneschneider, Sparschäler, Verschiedene Raspeln, Apfelteiler, Eischneider, Pfannenwender, Schöpfkellen, Schaumlöffel, Schneebesen, Dosenöffner, Flaschenöffner mit Korkenzieher, Teigschaber, Meßbecher, Zitruspresse, Spritzbeutel mit diversen Tüllen, Pinsel (verschiedene Größen), Mörser mit Stößel, Feinsieb (Durchmesser 16 cm), Grobsieb (Durchmesser 24 cm), Spitzsieb, Buttermodel, Tortenteiler, Wiegemesser, Salatbesteck, Schüsseln (verschiedene Größen)

Für alle kleinen Küchenhelfer gilt das gleiche wie für die Messer. Nicht die Billigprodukte sind es, die in die Küche gehören sondern die qualitativ hochwertigen, zahlen sich auf die Dauer aus.

Rund um die Wurst

Wenn in Deutschland eine große, wichtige Entscheidung ansteht, dann sagt der Volksmund: „Es geht um die Wurst".
Mit Recht nimmt die Wurst nicht nur in den Redensarten einen so wichtigen Platz ein. Wie in jeder Übertreibung steckt auch hier ein Körnchen Wahrheit. Deutschland gilt in aller Welt geradezu als die Heimat der Wurst. Wo sonst auf der Welt werden weit über 1000 verschiedene Wurstsorten hergestellt und angeboten?
Die Wurst gehört bei uns einfach dazu, gleich ob man im Biergarten sitzt oder im feinen Restaurant.

Natürlich spielt die Wurst auch in der Kalten Küche eine hervorragende Rolle. Deshalb erscheint es uns wichtig, wenigstens einige grundsätzliche und wissenswerte Dinge über die Wurst festzuhalten. Üblicherweise gliedert man das fast unüberschaubare Angebot in drei Familien. Die größte davon ist die der Brühwürste. Diese werden aus rohem, zerkleinerten Muskelfleisch, Speck, Fettgewebe und Wasser hergestellt.

Eine weitere Familie bilden die Kochwürste. Darunter versteht man hitzebehandelte Würste, die aus vorgegartem Fleisch, Fettgewebe und Innereien hergestellt werden. In der Regel werden Kochwürste aus schlachtfrischem Schweinefleisch gefertigt, was den Würsten ihren speziellen Geschmack gibt.

In der 3. großen Familie sind die Rohwürste zusammengefaßt. Sie werden aus rohem Rind- und Schweinefleisch sowie kernigem Speck hergestellt. Diese meist ungeröteten Wurstwaren werden durch salzen, trocknen oder räuchern haltbar gemacht. Ohne Fett ist die ganze Wurst nicht denkbar. Sie könnte weder hergestellt werden, noch würde sie schmecken.

Heutzutage runzeln viele Verbraucher kritisch die Stirn über den angeblich hohen Fettgehalt der Wurst. Aber deswegen gleich auf den Genuß von Wurst und Fleisch zu verzichten, das wäre sicherlich die falsche Konsequenz. Dabei ist alles ganz einfach: Wer in vernünftigen Maßen konsumiert, der kann nicht zu viel Fett zu sich nehmen. Wichtig ist daher, daß Sie als Verbraucher über die Beschaffenheit der Lebensmittel Bescheid wissen. Ihr Metzger wird Sie hier sicher gerne und gut beraten. Dann werden Sie als Gastgeber Ihren Gästen eine Kalte Platte servieren, die nach ernährungswissenschaftlichen Normen ausgewogen und dennoch schmackhaft ist.

Auf den nächsten Seiten geben wir Ihnen einige Tips, wie Sie Wurst hübsch und effektvoll auflegen können.

Die wichtigste Regel hierbei ist: Legen Sie die Ware exakt aus. Achten Sie stets auf regelmäßige Abstände, sowohl zwischen den einzelnen Scheiben, als auch zwischen den verschiedenen Reihen.

Legen Sie nur Wurst von der gleichen Art zusammen. Auch innerhalb einer „Wurst-Familie" gibt es genügend unterschiedliche Wurstsorten mit denen Sie Kontraste schaffen können, in dem Sie hellere und dunklere Scheiben abwechseln oder grobere und feinere mischen.

Achten Sie beim Kauf darauf, daß die Scheiben nicht zu dünn, aber auch nicht zu dick geschnitten sind. Mit hauchdünnen Scheibchen kann man viele Formen nicht legen, weil sie einfach in sich zusammenfallen würden.

Die richtige Stärke sollten Sie auf die jeweilige Wurstsorte abstimmen. Auch hier wird Ihnen Ihr Metzger bei der richtigen Entscheidung helfen.

Zu guter letzt sollten Sie darauf achten, daß die Wurst so ausgelegt ist, daß der Gast sich von jeder Stelle der Platte bedienen kann, ohne daß die ganze Konstruktion in sich zusammenfällt. Eine Kalte Platte ist schließlich kein Bauwerk, das man nur ehrfurchtsvoll bestaunen darf.

Scheiben von rohem Schinken lassen sich auch quer rollen. Man rollt die Scheibe von einer Seite zur andern und achtet darauf, daß eine leicht konische Form entsteht.

Wie wäre es mit einer Rose aus trockenem Lachsschinken? Rollen Sie eine Scheibe einfach ein, dann wickeln Sie noch zwei weitere Scheiben darum herum und knicken den Rand der äußeren Scheibe leicht nach außen um, fertig!

Ob Schlemmer-, Rustikal oder Kinderbuffet, einige wichtige Dinge, die Sie beim Aufbauen beachten sollten, haben alle gemeinsam. Damit Sie den vollen Erfolg bei Ihren Buffets erzielen, haben wir Ihnen nochmals die wichtigsten Regeln aufgelistet.

Der Blickfang

Bei jedem Buffet beginnt man zuerst mit den sogenannten Blickfängen. Entsprechend dem vorhandenen Platz, fallen diese Kunstwerke größer oder kleiner aus – sollten aber immer den Schwerpunkt eines Buffets darstellen.

Blickfänge können aus Früchten und Gemüsen, Blumenarrengements sowie aus dekorativen Elementen wie Pferdekumets, Schubkarren, Span- oder Bastkörben sowie anderem hergestellt werden. In den Profiküchen werden aus Butter Figuren hergestellt. Hierfür werden aus Butter, besser aus Ziehmargarine, Figuren modelliert oder aus Eisblöcken Figuren gehauen.

Ein Tip, wer's einfacher und schneller haben will: Überziehen Sie Holzfiguren oder andere schöne Dekorationselemente mit einer dünnen Fettschicht. Sie werden sehen, Sie bekommen ein Kunstwerk um das Sie jeder beneiden wird. Um die Figuren nicht zu beschädigen kann man sie mit dünner, haftender Frischhaltefolie überziehen.

Der Aufbau

Von den Blickfängen ausgehend werden nun die einzelnen Gerichte in der Reihenfolge des Verzehrs angeordnet. Cocktails, kleine Vorspeisen und Happen sind das erste Glied in der Reihe. Es folgen die auf Platten angericheteten Hauptgerichte mit entsprechend großen Zwischenräumen. Diese Lücken werden mit den Füll- und Beilagengerichten gefüllt. Zu jedem Fleisch die richtige Soße. Achten Sie darauf, daß der Preiselbeer-Meerrettich bei den geräucherten Forellenfilets und die Sauce Cumberland eben bei den Wildmedaillons steht.

Beilagensalate gehören im Anschluß an die Platten. Hier werden auch die Dressings aufgebaut. Stellen Sie zusätzlich einige Salatteller dazu, denn die wenigsten Gäste möchten den Salat auf den Tellern, wo die Hauptgerichte liegen – und wer nimmt beim Buffet schon gleich zwei Teller in die Hand? Wenn genügend Platz vorhanden ist, sollten Sie nicht mehr als zwei Reihen Gerichte übereinander anordnen. Maximal drei Reihen dürfen es, aber auch bei noch so wenig Platz, sein. Der Gast soll ohne Probleme die Produkte seiner Wahl erreichen und ohne viel Kleckern das Ausgewählte nehmen können. Im Anschluß an die Salat folgen dann der Käse in seiner Vielfalt und anschließend das Brot. Desserts, außer die dekorierten Früchte gehören nicht auf ein Buffet. Entweder die Desserts erhalten einen Extratisch oder Sie werden erst nach dem Abräumen zusammen mit dem Käse auf dem bestehenden Buffet angerichtet. Aus Unkenntnis wurde schon oft eine Bayerisch Creme auf ein Medaillon gegeben – und das muß nicht sein.

Ganze Scheiben kann man zusammenschieben, so daß sich in der Mitte eine Wölbung ergibt. Der Raum zwischen den Wurstreihen läßt sich dann etwa mit Gemüse füllen, ohne daß die Garnitur direkt auf der Wurst liegt.

Ganze Scheiben, vor allem von Schinken, lassen sich sehr gut rollen. Die entstehenden Röhrchen kann man für sich anordnen, sie eignen sich aber auch für Füllungen.

Das Geschirr und das Besteck

Es ist immer ärgerlich, wenn die Teller ausgehen. Deshalb berechnen Sie pro Person immer 3-4 Teller, um den Gästen die Möglichkeit zu geben, öfter zu nehmen und die Speisen nicht auf einem Teller vermischen zu müssen. Teller gehören immer an den Anfang eines Buffets, also dorthin, wo die Cocktails und Vorspeisen aufgebaut sind. Erst am Ende des Buffets werden dann Messer und Gabeln sowie Servietten bereitgestellt. Für den ersten Gang zum Buffet ist es empfehlenswert die Tische mit einer Garnitur Besteck und Servietten einzudecken. So wird auch ein Teil des ersten Ansturms auf das Buffet bewältigt. Noch ein Tip mit dem man so einen „Run" aufs Kalte Buffet bremsen kann. Servieren Sie vorher eine Suppe oder eine kleine, schon vorbereitete Vorspeise. Jede Platte und jede Schüssel sollte beim Buffet mit Vorlegebesteck möglichst zweifach ausgestattet sein, damit die Gäste einfach und schnell die Produkte aufnehmen können.

Für den Salat ist es empfehlenswert Salatzangen einzusetzen, da die Gäste mit einer Hand so besser auf ihre Teller bekommen.

Die Menge

Nichts ist schlimmer für einen Haushalt, wenn ein Buffet aufgebaut wurde, die Party vorbei ist, und jede Menge übrig bleibt. Es ist deshalb wichtig schon bei der Planung die richtige Auswahl der Gerichte zu treffen und die Mengen anhand einer Einkaufsliste hochzurechnen. Unsere Rezepte im Rezeptteil sind alle als Hauptmahlzeit, also als eigenständige Gerichte für 4 Personen aufgelistet. Solche Gerichte müssen daher, je nach Größe eines Buffetangebotes und Anzahl der Gäste, entsprechend verringert oder vergrößert werden. Am besten ist ein Schnittwert für eine Person zu ermitteln. So wird bei kleinen Vorspeisen, Canapès, gefüllten Eiern oder Gemüsegerichte, bei Medaillons oder Fischfertigprodukten immer davon ausgegangen, daß pro Person 1-2 Stück berechnet werden. Hauptgerichte die für 4 Personen angegeben sind reichen für etwa 10-12 Personen bei entsprechendem Angebot auf dem Buffet. Bei den Rohkostsalaten und Beilagen rechnet man etwa 100-150 Gramm. Bei Käse-, Wurst- oder anderem Aufschnitt etwa 75-100 Gramm und beim Brot etwa 2-3 Stück immer pro Person und in Verbindung mit den anderen Gerichten berechnet. Da ein Buffet immer zum Schlemmen und zu mehr Essen anregt, sollten Sie das Gesamtgewicht der verzehrfertigen Zutaten und Gerichte bei ca. 500-750 Gramm pro Person bemessen. Hier einige Beispiele: Eine Aufschnittplatte sollte für 10 Personen mit 1-1,2 Kilogramm belegt sein. Eine Bratenplatte mit etwa 1-1,2 Kilogramm. Eine Käseplatte mit etwa 750-1000 Gramm. Eine Schüssel Feinkostsalat sollte mit etwa 1-1,5 Kilogramm gefüllt sein. Ein Glas Essiggemüse mit 750-1000 Gramm. Eine Schale Dressing mit 500-750 Gramm. Ein Faktor, den wir nicht bemessen können, sind Ihre Gäste. Doch die kennen Sie ja und wissen, was und wieviel jeder einzelne ißt.

Das gesunde Schlemmerbuffet

Es ist im Trend der Zeit, daß auch Buffets nicht zu Kalorienbomben werden. Leichte und bekömmliche Angebote auf einem solchen Schlemmerbuffet sind deshalb ein „Muß". Wir haben Ihnen für diese Art von Buffets einige Beispiele ausgewählt die Sie selbstverständlich nach Ihrem Muster verändern oder ergänzen können. Empfehlenswert für diese leichten Buffets sind immer Rezepte mit Gemüse. Zum Beispiel mit Quark oder Frischkäse, gefüllte Paprikaschoten oder Tomaten, mit Salat, Gemüse und Kräutern belegte Häppchen, milchsauer eingelegtes Gemüse und Frischkostsalate. Der Bereich Wurst und Fleisch kann abgedeckt werden durch verschiedene Sülzen, mageren, rohen oder gekochten Schinken, Geflügel- und Truthahnwurst und natürlich als Blickfang ein rosa gebratenes Roastbeef. Eine Medaillonplatte kann durchaus hier auch vom Schweinefilet hergestellt werden, da dieses Filet ebensowenig oder soviel Kalorien wie Rinder- oder Kalbsfilet hat. Es kommt eigentlich darauf an mit was es belegt und garniert wird. Wer hier zum Beispiel eine Kalbs- oder Geflügelfarce aufspritzt anstelle von Frischkäse oder Quark, der bietet seinen Gästen ganz einfach eine Kalorienbombe. Als Dessert gibt es bei unserem Schlemmerbuffet auch keine üppigen Cremes, sondern frische Früchte der Saison, die als Blickfang aufgebaut auch den nötigen Rahmen für dieses gesunde Schlemmerbuffet geben. Beim Schlemmerbuffet darf selbstverständlich das Brot nicht fehlen. Hier sollten Sie auf das große Angebot der Vollkornprodukte zurückgreifen.

Das deftige Bierbuffet

Bei dieser Art von Buffet lacht das Herz von den Freunden der deftigen Küche. Sehr gut eignet sich deshalb dieses Buffet für alle zünftigen Abende, die als Höhepunkte im jährlichen Vereinsleben stattfinden. Ob Skat- oder Kegelfreunde und andere Gruppen bei denen diese Art des Genießens im Vordergrund steht, alle werden auf ihre Kosten kommen, und was weit wichtiger ist, alles ist schnell und einfach vorzubereiten. Gerade bei solchen oppulenten Buffets sollten Sie zuhause eine gewiße Arbeitsteilung vornehmen. Wobei sich ein Partner um die Braten, ein anderer um die Wurstplatten, ein dritter um die Salate und ein vierter sich um Käse und andere kleine Spezialitäten kümmern kann. Wir haben als warme Beigaben zu unserem Buffet feurige Spareribs, kleine gebratene Surhäxchen und Fleischspieße ausgewählt.Wer noch mehr warme Köstlichkeiten servieren will, der kann die angerichteten kalten und gefüllten Braten als warme Gerichte mit Soßen servieren. Rezepte finden Sie in unserem Buch in den entsprechenden Kapiteln. Zum warmen Buffet sollten Sie als warme Beilage ganz einfach Semmelknödel oder Kartoffelklöße und hausgemachte Spätzle servieren. Als Salat eignet sich zu unserem deftigen Buffet ein Kartoffel- und Krautsalat. Eine Saure Wurst oder ein Käsesalat sind aber auch nicht zu verachten. Als Blickfang wird bei diesem Buffet Brot und deftige Wurst, im Bayerischen genannt als Handwurst, verwendet. Verschiedene Preßsackarten und Räucherschinken runden diese Art von Buffet ab.

Das einfache und schnelle Buffet

Einfach und schnell sind hier nicht unbedingt bezogen auf die Vorbereitung, denn die ist abhängig von der Auswahl der Produkte die auf das Buffet kommen sollen. Hier wird mehr Wert darauf gelegt ein Buffet herzustellen, das den Anforderungen unserer schnellen und hektischen Zeit Rechnung trägt. Hier werden in erster Linie Produkte gezeigt, die man ganz einfach in die Hand nehmen oder nur mit einer Gabel essen kann. Zwanglos und leger wird die Atmosphäre, wenn Sie wie wir, deftige Gerichte ausgewählt haben. Wählt man edle Brotbeläge, Wurst, Käse und Füllgerichte aus, so kann man das Ganze auch zu einem feinen Buffet umwandeln. Achten sollten Sie aber immer darauf, daß der Grundgedanke, das Ganze auch im Stehen essen zu können, nicht verändert wird. Sonst gibt es sehr schnell Platzprobleme und so mancher Gast wird anschließend eine Reinigung aufsuchen müssen. Falls Sie große Braten- oder Fleischstücke servieren, sollten diese auf jeden Fall portionsgerecht geschnitten sein und vorgelegt werden. Damit alles auch wirklich schnell serviert werden kann, ist es empfehlenswert schon einige Getränke, ob frisch gezapftes Bier, Wein oder anti-alkoholische Getränke auf dem Buffet zu integrieren. Erfahrunsgemäß werden solche Buffets bei denen es schnell gehen muß gestürmt und je mehr vorbereitet wird, um so unproblematischer wird es für die Küche. Deshalb ist es auch empfehlenswert bei den schnellen Buffets schon vorneweg eine vorbereitete Suppe oder eine Vorspeise zu reichen.

Käse auf der Platte

Käse, Milch und Quark stellen seit langer Zeit eine natürliche Grundlage unserer Ernährung dar. Die Techniken zur Herstellung von Käse und Quark sind seit der Vorzeit bekannt. Heutzutage haben die Molkereien eine derart umfangreiche Palette von Geschmacks- und Aromanuancen erreicht, daß für jeden Gaumen immer wieder angenehme Überraschungen möglich sind. Das Angebot reicht vom einfachen Quark über den Ziegenkäse bis zum raffiniert gewürzten Edelpilzkäse. Auf die gute Mischung kommt es an. Es ist nicht notwendig, nur besonders ausgefallene und exotisch gewürzte Käsesorten zu servieren. Das ist wie mit einem Bild in dem alle möglichen Farben enthalten sind: es wirkt zu bunt, und langweilt eher, als daß es anzieht. Kombinieren Sie lieber die einfachen allgemein beliebten Käsesorten mit einigen Exoten. Auf diese Weise kommen die seltenen Sorten viel besser zur Geltung. Einige allgemeine Tips kann man nicht oft genug wiederholen. Abgepackten Käseaufschnitt zu kaufen mag zwar praktisch sein, dem Geschmack allerdings ist es nicht förderlich. Viel besser ist es, Käse in Stücken zu kaufen und erst kurz vor dem Servieren zu schneiden. Auf diese Weise entlocken Sie dem Käse ein noch feineres Aroma, und Sie verhindern auch, daß die einzelnen Scheiben vorzeitig austrocknen und dunkle Ränder bekommen. Das Käsefach im Kühlschrank ist der beste Platz für die Aufbewahrung. Die einzelnen Sorten sollten in Käse- oder Frischhaltefolie luftdicht abgepackt werden. Achten Sie auch darauf, daß die Käsesorten ca. eine Stunde vor Verzehr aus dem Kühlschrank genommen und vorbereitet werden, nur dann kann der Käse sein richtiges Aroma entfalten. Käse bildet durch seine verschiedenen Formen und Farben immer einen guten Blickfang. Hier sehen Sie an einigen Beispielen, wie man Käse eindrucksvoll präsentieren kann.

Mit ein wenig Geschick lassen sich schöne Landschaften aufbauen, am besten in Verbindung mit frischem Obst und Gewürzblättern. Achten Sie beim Käse-Arrangement darauf, daß sich die einzelnen Sorten nebeneinander auch „vertragen". Der trockene Parmesan läßt sich nur schlecht in Scheiben schneiden. Dafür wirkt er als Block umso besser, wie ein Felsengebirge. Käsesorten wie der Emmentaler oder der Appenzeller lassen sich dagegen leicht schichten oder rollen, wie wir es bei der Wurst schon kennengelernt haben. Denken Sie aber daran, daß die Scheiben nicht zu dünn geschnitten sind, denn sonst kleben sie schnell aneinander. Auch beim Käse gilt: die Scheiben sollen exakt gleichmäßig übereinander gelegt werden. Sie können Frischkäse in allen Geschmacksrichtungen verwenden. Sie können aber auch Mischungen aus Frisch- und Schmelzkäse herstellen, die Sie nach Lust und Laune süß und sauer, scharf und würzig, anmachen. Auch Butter und Quark eignen sich als Belag für Cräcker.

Zur Garnierung Ihrer „Käse-Ecke" eignen sich Gemüsestückchen, Obst, und Kräuterzweige. Die so beliebten Cräcker sind nicht nur für Frischkäse allein reserviert. Sie können auch Stücke von jedem anderen Käse in Ihre Kreationen aufnehmen. Ein Stückchen Parmesan mit einer Mandarinenspalte und einer Weintraube darauf wird kein Gast verachten. Wem Cräcker und Salzgebäck nicht so recht behagen, der wird vielleicht lieber auf die altbewährten Käschappen zurückgreifen. Hierzu eignet sich jeder Käse, der sich einfach schneiden läßt, also besonders Emmentaler, Appenzeller, Edamer und Gouda. Aber natürlich sind auch Roquefort und Gorgonzola zu diesem Zweck brauchbar. Sie schneiden den Käse zu Würfeln, Dreiecken, Rauten, als Kreis oder als Mondsichel.

Festliche Platte mit Cocktails

SIE BENÖTIGEN FÜR 4-6 PERSONEN

250 g gefüllten Schinkenbraten
250 g gefüllte Kalbsbrust
8 Schweinemedaillons belegt mit Früchten
8 mit Frischkäse gefüllte Pfirsichhälften ausgarniert mit Cocktailkirschen
1 Schälchen Gemüse-Wurst-Cocktail
1 Schälchen pikanten Pusztasalat

FÜR DIE GARNITUR

Salatblätter
1 kleine Zierananas
1 Stück Lauch (möglichst den weißen Teil)

1. Eine ovale dekorative Platte bereitstellen.
2. Salatblätter nach Wahl verlesen, waschen, gut abtropfen lassen. Die Platte mit den Salatblättern belegen.
3. Den Kopf der Platte mit einer halben Zierananas und dem zu einer Blume geschnittenen Lauch belegen.
4. Die kalten Braten in dünne Scheiben schneiden und die Scheiben übereinanderklappen.

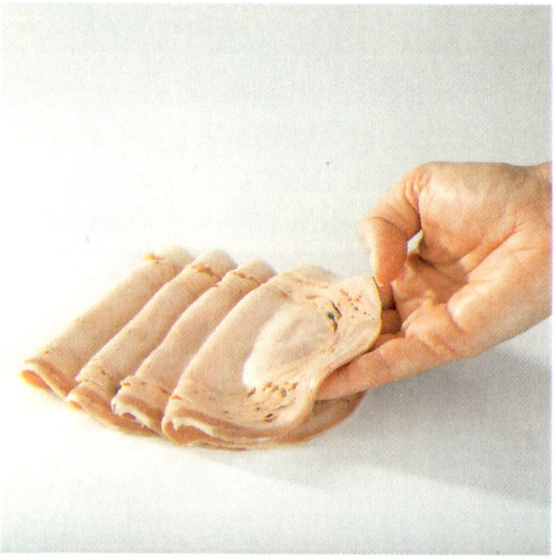

5. Die Bratenscheiben jeweils am Rand der Platte anrichten.

6. Den Zwischenraum mit den ausgarnierten Schweinemedaillons und Pfirsichhälften auslegen.
7. Die Platte ausgarnieren, anrichten und mit in den Cocktailgläsern angerichteten Salaten umstellen.

Schinken-Apfel-Cocktail

SIE BENÖTIGEN FÜR 4 PERSONEN

1 kleinen Kopf Friséesalat
2 säuerliche Äpfel
Saft von 1 Zitrone
200 g gekochten Schinken
1 Bund Frühlingszwiebeln

FÜR DAS DRESSING

1 Tasse Apfelsaft
1 Zwiebel
Saft von 1 Zitrone
etwas Zitronenessig
1/2 Tasse Traubenkernöl
Salz
weißen Pfeffer aus der Mühle
1 Prise Zucker
1 Bund Zitronenmelisse
1 Kästchen Kresse

1. Den Friséesalat verlesen, waschen und in mundgerechte Stücke zerpflücken.
2. Die Äpfel schälen, entkernen, würfeln und mit Zitronensaft sofort beträufeln.
3. Den Schinken in feine Streifen oder Würfel schneiden. Die Frühlingszwiebeln putzen, waschen, gut abtropfen lassen und in Scheiben schneiden.
4. Die Zutaten vorsichtig miteinander vermischen und dekorativ anrichten.
5. Für das Dressing den Apfelsaft, die geschälte, feingehackte Zwiebel, den Zitronensaft und den Zitronenessig erhitzen und kurz köcheln lassen.
6. Den Apfelsaft vom Feuer nehmen, mit dem Traubenkernöl im Mixer oder mit dem Pürierstab pürieren.
7. Mit Salz und Pfeffer abschmekken und die verlesene, gewaschene und feingeschnittene Zitronenmelisse untermischen.
8. Das Dressing gleichmäßig über dem Cocktail verteilen, ausgarnieren und servieren.

Feine Kräutersoße

SIE BENÖTIGEN FÜR 4 PERSONEN

2 Becher Joghurt
1 Zwiebel
1 Tasse frisch gehackte Kräuter (Estragon, Kerbel, Kresse, Schnittlauch)
Saft von 1/2 Zitrone
einige Tropfen Obstessig
Salz
Pfeffer aus der Mühle
1 Prise Cayennepfeffer
1 Prise Zucker

1. Den Joghurt in eine Schüssel geben und glattrühren.
2. Die Zwiebel schälen, fein hacken und mit den gehackten Kräutern, dem Zitronensaft und dem Obstessig unter den Joghurt rühren.
3. Mit Salz, Pfeffer, Cayennepfeffer und Zucker abschmecken, anrichten und zum weiteren Verzehr bereitstellen.

Griechische Soße

SIE BENÖTIGEN FÜR 4 PERSONEN

125 g Speisequark
1/2 Becher Sahne
4 Knoblauchzehen
1 TL Salz
1 Stück Salatgurke
1 Zwiebel
1 TL Tzatzikigewürz
Salz
Pfeffer aus der Mühle
einige Tropfen Aceto balsamico
1 Prise Zucker
1/2 Bund Petersilie

1. Den Speisequark mit der Sahne glattrühren.
2. Die Knoblauchzehen schälen, fein hacken. Mit Salz zu einer Paste zerreiben und unter die Soße rühren.
3. Die Salatgurke und die Zwiebel putzen, fein reiben und ebenfalls unter die Soße rühren.
4. Mit Tzatzikigewürz, Salz, Pfeffer, Aceto balsamico und Zucker kräftig abschmecken. Die verlesene, gewaschene und feingehackte Petersilie untermischen.
5. Die Soße anrichten und zum weiteren Verzehr bereitstellen.

Italienische Soße

SIE BENÖTIGEN FÜR 4 PERSONEN

1 Becher saure Sahne
1 Tasse Mayonnaise
2 EL Tomatenmark
4 Tomaten
1 Schuß Weißwein
einige Tropfen Aceto balsamico
1/2 Bund Basilikum
1/2 Bund Oregano
Salz, Pfeffer aus der Mühle
1 Prise Cayennepfeffer
1 Prise Zucker

1. Die Sahne mit der Mayonnaise und dem Tomatenmark in eine Schüssel geben und glattrühren.
2. Die Tomaten enthäuten, entkernen, in Würfel schneiden. Mit dem Weißwein und dem Aceto balsamico unter die Soße mischen.
3. Das Basilikum und den Oregano verlesen, waschen, fein hacken und unter die Soße rühren.
4. Die Soße mit Salz, Pfeffer, Cayennepfeffer und Zucker kräftig abschmecken, anrichten und zum weiteren Verzehr bereitstellen.

Fruchtsoße

SIE BENÖTIGEN FÜR 4 PERSONEN

1 Becher saure Sahne
1 Tasse Apfelmus
1 Tasse Johannisbeergelee
1 Schuß Obstessig
Salz, Pfeffer aus der Mühle
1 Prise Cayennepfeffer
1 Prise Zucker
3-4 EL Sahne-Meerrettich

1. Die saure Sahne mit dem Apfelmus und dem Johannisbeergelee in eine Schüssel geben und so lange rühren, bis sich das Gelee vollständig aufgelöst hat.
2. Die Soße mit Obstessig, Salz, Pfeffer, Cayennepfeffer und Zucker kräftig abschmecken.
3. Den Sahne-Meerrettich untermischen, nochmals abschmecken, anrichten, ausgarnieren und zum weiteren Verzehr bereitstellen.

Beschwipste Preiselbeeren

SIE BENÖTIGEN FÜR 4 PERSONEN

1 Glas Preiselbeermarmelade
4 cl Weinbrand
Saft von 1 Zitrone
1/2 Bund Pfefferminze
1/2 Bund Zitronenmelisse

1. Die Preiselbeermarmelade mit dem Weinbrand und dem Zitronensaft verrühren.
2. Die Pfefferminze und die Zitronenmelisse verlesen, waschen, gut abtropfen lassen, fein hacken bzw. schneiden, unter die Preiselbeeren rühren, anrichten, ausgarnieren und zum weiteren Verzehr bereitstellen.

Feine Schinkenplatte

SIE BENÖTIGEN FÜR 4 PERSONEN

150 g rohen Schinken
150 g geräucherten Schinken
150 g gekochten Schinken
150 g Lachsschinken
150 g Edelpilzkäse

AUSSERDEM

150 g blaue Weintrauben
2 Kiwis
1 Karambola
1 kleine Dose Mandarinenfilets
Zitronenmelisse zum Garnieren

1. Die Schinkenscheiben sortengleich auf einer Servierplatte anrichten.
2. Den Edelpilzkäse würfeln und auf der Platte anrichten.
3. Die Weintrauben verlesen, waschen, gut abtropfen lassen.
4. Die Kiwis schälen und mit der Karambola vorsichtig in Scheiben schneiden.
5. Die Mandarinenfilets gut abtropfen lassen.
6. Die Schinkenplatte mit den Früchten dekorativ belegen.
7. Die Zitronenmelisse verlesen, waschen, gut abtropfen lassen.
8. Die Schinkenplatte mit der Zitronenmelisse ausgarnieren und servieren.

TIP

Es gibt in unseren Läden eine große Anzahl von verschiedenen Schinken. Ob roh oder gekocht, geraucht oder luftgetrocknet, die Auswahl bleibt Ihnen und Ihrem Geschmack überlassen. wer es aber ganz besonders fein haben will, der sollte sich seinen geräucherten Schinken selbst zubereiten. Die Vorbereitungen lassen sich leicht durch entsprechende Rezepte bewerkstelligen und Ihr Fleischer aus dem Fleischerfachgeschäft wird Ihnen Ihren Schinken auch mit in die Räucherkammer hängen.

Schnelle Schinkenplatte

SIE BENÖTIGEN FÜR 4 PERSONEN

75 g rohen Knochenschinken
75 g Lachsschinken
75 g Westfälischen Schinken
75 g gekochten Schinken
einige Salatblätter
1 Stück Salatgurke, 1 Tomate
1/2 Bund Petersilie
100 g blaue Weintrauben
einige Melonenschnitze

1. Eine runde dekorative Platte bereitstellen.
2. Den in Scheiben geschnittenen Knochenschinken zwei Zentimeter vom Rand der Platte schichtweise übereinander auflegen.
3. Den Lachsschinken zusammenklappen und auf der gegenüber liegenden Seite der Platte ähnlich dem Knochenschinken auflegen.
4. Den Westfälischen Schinken locker zusammenlegen und im Anschluß an den Lachsschinken zweilagig übereinander und zwei Zentimeter vom Rand der Platte gleichmäßig auflegen.
5. Den gekochten Schinken zusammenklappen oder Röllchen drehen und den Raum zwischen Lachsschinken und Knochenschinken auslegen.
6. Die Salatblätter dekorativ unter die Schinkensorten legen.
7. Das Gurkenstück in der Mitte zickzackförmig einschneiden und zu zwei Sternen auseinanderdrehen.
8. Die Tomaten etwa ein Zentimeter dick im Kreis von der Tomaten abschneiden. Die Tomatenhaut zu einer Rose zusammendrehen.
9. Gurken, Tomatenrose, Petersilie und Weintrauben als Trennung zwischen den verschiedenen Schinkensorten dekorativ auflegen.

Fleischwurst im Brotteig

SIE BENÖTIGEN FÜR 4 PERSONEN

1 Paket Brotteig (Fertigprodukt)
1 Tasse frisch gehackte Kräuter
1 Ring Fleischwurst
3-4 EL süßen Senf
100 g gekochten Schinken
100 g Emmentalerkäse

AUSSERDEM

2 Eigelb
1-2 EL grobes Salz
1-2 EL Koriander
1-2 EL Kümmel
1-2 EL Anis

1. Den Brotteig nach Packungsaufschrift zubereiten und anschließend die frisch gehackten Kräuter untermischen.
2. Den Teig auf einer bemehlten Arbeitsfläche zu einem Rechteck ausrollen.
3. Die Fleischwurst schälen und der Länge nach halbieren.
4. Eine Hälfte mit süßem Senf bestreichen, mit gekochtem Schinken und Emmentalerscheiben belegen.
5. Die andere Hälfte darauf legen und die Fleischwurst im Teig einschlagen.
6. Die Fleischwurst im Brotteig auf ein bemehltes Backblech setzen. Im auf 180-200 Grad vorgeheizten Backofen 20-25 Minuten backen.
7. Das Eigelb mit etwas Wasser verschlagen und 5 Minuten vor Garende den Brotteig damit bestreichen. Mit Salz, Koriander, Kümmel und Anis bestreuen.
8. Die Fleischwurst im Brotteig fertigbacken, herausnehmen. In Scheiben schneiden, anrichten, ausgarnieren und servieren.

Rauchfleisch im Teig

SIE BENÖTIGEN FÜR 4 PERSONEN

1 Paket Brotteig (Fertigprodukt)
1 kg gekochtes Rauchfleisch
1/2 Tasse frisch geriebenen Meerrettich
1 Tasse frisch gehackte Kräuter

AUSSERDEM

2 Eigelb
1 EL Kümmel
1 EL grobes Salz

1. Den Brotteig nach Packungsanweisung zubereiten und auf einer bemehlten Arbeitsfläche zu einem Rechteck ausrollen.
2. Das gekochte Rauchfleisch vollständig erkalten lassen und auf den Teig legen.
3. Den geriebenen Meerrettich mit den gehackten Kräutern vermischen und das Fleisch damit bestreichen.
4. Das Fleisch in den Brotteig einschlagen und den Teig auf ein bemehltes Backblech legen. Im auf 180-200 Grad vorgeheizten Backofen 20-25 Minuten backen.
5. Das Eigelb mit etwas Wasser verschlagen und 5 Minuten vor Backende den Teig damit einstreichen. Mit Kümmel und Salz bestreuen und fertig backen. Herausnehmen, in Scheiben schneiden, anrichten und servieren.

Camembert-Chicorèe

SIE BENÖTIGEN FÜR 4 PERSONEN

4 Stauden Chicorèe
1/2 Tasse Tomatenketchup
2 EL mittelscharfen Senf
1 EL grüne Pfefferkörner
1/2 Bund Schnittlauch
1/2 Bund Petersilie
Saft von 1 Zitrone
1-2 EL Honig
1 Schuß Obstessig
Salz
Pfeffer aus der Mühle
8 dünne Scheiben gekochten Schinken
Butter oder Margarine zum Ausfetten
4 Camembert-Halbmonde
1 Schuß Weißwein

1. Die Chicorèestauden halbieren. Den Strunk herausschneiden, waschen, gut abtropfen lassen und bereitstellen.
2. Den Tomatenketchup mit dem Senf, den Pfefferkörnern, den verlesenen, gewaschenen und feingehackten Kräutern vermischen.
3. Mit Zitronensaft, Honig Obstessig, Salz und Pfeffer kräftig abschmecken.
4. Den Schinken auf einer Arbeitsfläche auslegen und mit der Soße bestreichen.
5. Je eine Chicorèehälfte in den Schinken einwickeln. Das Ganze in eine mit Butter oder Margarine ausgefettete feuerfeste Form legen.
6. Die Camembert-Halbmonde in Scheiben schneiden und die Schinkenrollen damit belegen.
7. Mit einigen Tropfen Weißwein beträufeln und das Ganze unter dem Grill goldgelb überbacken. Herausnehmen, erkalten lassen, anrichten, ausgarnieren und servieren.

Teufelssalat

SIE BENÖTIGEN FÜR 4 PERSONEN

500 g gepöckelte, gekochte Rinderzunge
1 Zwiebel
1 Tasse Champignonköpfe
1 Tasse grüne Erbsen
1 Tasse Karottenwürfel
1 Tasse gefüllte Oliven

FÜR DAS DRESSING

1/2 Tasse Fleischbrühe
1-2 EL Chiliketchup
1-2 EL mittelscharfen Senf
1/2 Tasse Aceto balsamico
2 Knoblauchzehen
1 TL Salz
1 EL grüne Pfefferkörner
1/2 Bund Petersilie
1/2 Bund Schnittlauch
1/2 Tasse Olivenöl

1. Die Rinderzunge in feine Streifen oder Würfel schneiden und in eine Schüssel geben.
2. Die Zwiebel schälen, fein hacken. Mit den gut abgetropften Champignonköpfen, den Erbsen und den Karottenwürfeln zur Zunge geben.
3. Die Oliven in Scheiben schneiden, dazugeben und alles vermischen.
4. Die Fleischbrühe mit dem Chiliketchup, dem Senf und dem Aceto balsamico glattrühren.
5. Die Knoblauchzehen schälen, fein hacken, mit Salz zu einer Paste zerreiben. Mit den Pfefferkörnern und den feingehackten Kräutern unter das Dressing rühren.
6. Das Olivenöl tropfenweise einrühren und den Salat damit anmachen. Im Kühlschrank mindestens 1/2 Stunde ruhen lassen.
7. Den Teufelssalat nochmals kräftig abschmecken, anrichten, ausgarnieren und servieren.

Ochsenmaulsalat mit Gemüse

SIE BENÖTIGEN FÜR 4 PERSONEN

400 g gekochtes Ochsenmaul
2 Zwiebeln
2 Karotten
1 Stück Lauch
100 g frische Champignons
Saft von 1/2 Zitrone
1 Tasse Fleischbrühe
1/2 Tasse Obstessig
1 Schuß Weißwein
1-2 EL mittelscharfen Senf
Salz
Pfeffer aus der Mühle
Cayennepfeffer
Zucker
1/2 Tasse Olivenöl
1/2 Bund Schnittlauch
1/2 Bund Petersilie

1. Das gekochte Ochsenmaul in feine Scheibchen von 2-3 Zentimetern Kantenlänge schneiden und in eine Schüssel geben.
2. Die Zwiebeln würfeln. Die Karotten schälen und würfeln.
3. Den Lauch in feine Ringe schneiden. Die Champignons putzen. In Scheiben schneiden und mit Zitronensaft beträufeln.
4. Die Brühe in einen Topf geben, die Zwiebeln und die Karotten dazugeben und bißfest garen.
5. Kurz vor Garende den Lauch und die Champignons dazugeben und kurz mitgaren.
6. Den Obstessig, den Weißwein und den Zitronensaft untermischen. Mit Salz, Pfeffer, Cayennepfeffer und Zucker abschmecken. Vom Feuer nehmen und das Olivenöl tropfenweise einrühren.
7. Das Gemüse noch warm mit den Ochsenmaulscheiben vermischen und im Kühlschrank vollständig erkalten lassen.
8. Den Ochsenmaulsalat mit feingehackten Kräutern bestreut servieren.

TIP Grundsätzlich sollten Sie für deftige Bauernplatten vermehrt hausgemachte Spezialitäten verwenden. Fahren Sie doch ganz einfach einmal übers Land. Dort finden Sie in so mancher kleinen Dorfwirtschaft diese deftige Köstlichkeiten. Meist wird in diesen Wirtschaften noch selbst geschlachtet, doch was viel wichtiger ist, die Schweine werden dort meist noch selbst aufgezogen.

Deftige Bauernplatte

SIE BENÖTIGEN FÜR 4 PERSONEN

1 Kopfsalat
150 g roten Preßsack
150 g weißen Preßsack
150 g geräucherten Schinken
150 g Leberkäse
150 g Landleberwurst
(alle Wurstsorten in Scheiben)

AUSSERDEM

Essiggurken
Silberzwiebel
Tomaten
Radieschen
1 kleinen Rettich
1 Bund Petersilie
1 Bund Schnittlauch

1. Den Kopfsalat verlesen, waschen und vollständig abtropfen lassen.
2. Die trockenen Kopfsalatblätter auf einer Servierplatte von innen nach außen gleichmäßig verteilen.
3. Die Wurstscheiben dekorativ auf dem Salat anrichten. Die Leberwurstscheiben in der Mitte der Platte rosettenförmig auflegen.
4. Die Essiggurken fächern. Mit den Silberzwiebeln, den geachtelten Tomaten und den Radieschen ebenfalls dekorativ auf der Bauernplatte anrichten.
5. Die Kräuter verlesen, waschen und gut abtropfen lassen. Von der Petersilie die Stiele entfernen. Den Schnittlauch fein schneiden. Mit den Kräutern die Bauernplatte aus.

Deftiges Vesperbrett

SIE BENÖTIGEN FÜR 4-6 PERSONEN

200 g roten Preßsack
200 g gekräuterte Leberwurst
200 g Thüringer Rotwurst
200 g Leber- oder Fleischkäse

FÜR DIE GARNITUR

1 kleine Salatgurke
Salatblätter
Sellerieblätter
Essiggemüse
Cocktailtomaten

1. Eine dekorative ovale Holzplatte bereitstellen.
2. Den roten Preßsack, die Leberwurst und die Rotwurst in 1/2 Zentimeter dicke Scheiben schneiden.

3. Den Leberkäse in dünnere Scheiben schneiden und an einer Seite der Platte schichtweise übereinander entlang der Plattenkante anrichten.
4. Auf der entgegengesetzten Seite den roten Preßsack anrichten.

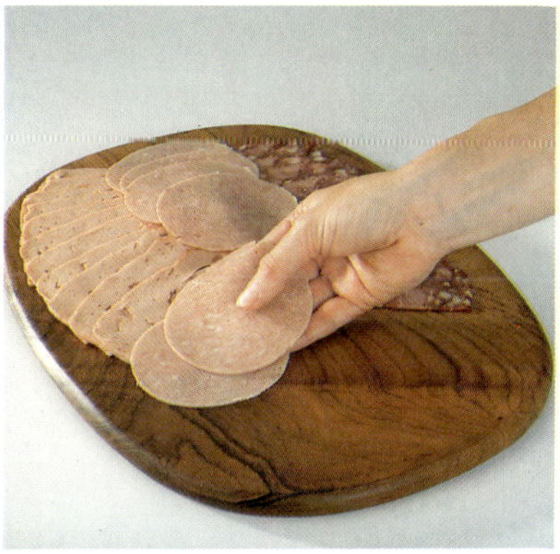

5. Die Hälfte der Leberwurst zwischen roten Preßsack und Leberkäse und die andere Hälfte im Anschluß an den Leberkäse legen.
6. Die Salatgurke mit einem Bundmesser in Scheiben schneiden und auf dem roten Preßsack anrichten. Darauf dann dekorativ die Thüringer Rotwurst anrichten.

7. Mit Salatblätter, Sellerieblätter, Essiggemüse und Cocktailtomaten ausgarnieren.

Deftiger Wurstcocktail

SIE BENÖTIGEN FÜR 4-6 PERSONEN

400 g Fleischwurst
150 g Emmentalerkäse
2 Bund Radieschen
2 Tomaten
1 rote Paprikaschote
1 grüne Paprikaschote

FÜR DAS DRESSING

1 Tasse Fleischbrühe
1 Schuß Bier
1/2 Tasse Obstessig
Salz
Pfeffer aus der Mühle
1 Prise Cayennepfeffer
1 Prise Kümmelpulver
1/2 Tasse Olivenöl
1 Bund Schnittlauch
1 Kästchen Kresse

1. Die Fleischwurst enthäuten und mit dem Emmentalerkäse in Streifen oder Würfel schneiden.
2. Die Radieschen putzen und in Scheiben schneiden.
3. Die Tomaten waschen, den Strunk herausschneiden und in kleine Würfel schneiden.
4. Die Paprikaschoten halbieren, entkernen und ebenfalls würfeln.
5. Die Zutaten in eine Schüssel geben und alles vorsichtig miteinander mischen.
6. Für das Dressing die Fleischbrühe mit dem Bier und dem Obstessig anrühren. Mit Salz, Pfeffer, Cayennepfeffer und Kümmel abschmecken.
7. Das Olivenöl tropfenweise einrühren und den Salat damit anmachen.
8. Den Schnittlauch und die Kresse verlesen, waschen und fein schneiden, unter den Cocktail heben. Das Ganze anrichten und servieren.

Würzige Spareribs

SIE BENÖTIGEN FÜR 4 PERSONEN

2 kg Spareribs
Salz
Pfeffer aus der Mühle
1 Tasse Olivenöl
1 TL Majoran
1 EL Kräuter der Provence
3 Knoblauchzehen
1 TL Salz
1 EL geschrotete schwarze Pfefferkörner

AUSSERDEM

1 Tasse Chiliketchup
3-4 EL Honig
1/2 Tasse Obstessig
1/2 Bund Oregano
1/2 Bund Basilikum

1. Die küchenfertigen Spareribs in mundgerechte Stücke schneiden bzw. hacken. Mit Salz und Pfeffer würzen.
2. Das Olivenöl mit dem Majoran, den Kräutern der Provence, mit den mit Salz zerriebenen Knoblauchzehen und dem geschroteten Pfeffer vermischen.
3. Die Spareribs damit einstreichen und im Kühlschrank mindestens zwei Stunden ziehen lassen.
4. Anschließend die Spareribs in die Fettpfanne des Backofens legen und bei 180-200 Grad 15-20 Minuten garen.
5. Den Chiliketchup mit dem Honig und dem Obstessig verrühren. Mit den verlesenen, gewaschenen und feingehackten Kräutern vermischen. Mit Salz und Pfeffer würzen und 5 Minuten vor Garende die Spareribs damit bestreichen.
6. Fertiggaren, auf einer Platte anrichten, ausgarnieren und servieren.

Hähnchenkeulen mit Ananasglasur

SIE BENÖTIGEN FÜR 4 PERSONEN

8 Hähnchen-Unterschenkel
Salz
Pfeffer aus der Mühle
1 TL Paprikapulver
1 TL Currypulver, Butter

FÜR DIE GLASUR

4 Scheiben Ananas
1 Zwiebel
3-4 EL Honig
1/2 Tasse Essig
1 EL geriebene Zitronenschale
1 EL grüne Pfefferkörner
1 TL Curry
1/2 TL Fünf-Gewürz-Pulver
1 Prise Johannisbrotkernmehl
1/2 Bund Zitronenmelisse

1. Die küchenfertigen Hähnchen-Unterschenkel abwaschen, trockentupfen. Mit Salz, Pfeffer, Paprika und Curry kräftig würzen.
2. Die Butter in einer Pfanne erhitzen und die Schenkel darin braten.
3. Für die Glasur die Ananasscheiben und die grob gehackte Zwiebel im Mixer pürieren.
4. Die Ananasmischung mit dem Honig, dem Essig, der geriebenen Zitronenschale und den zerdrückten Pfefferkörnern verfeinern. In einen Topf geben und einmal aufkochen lassen.
5. Mit Curry und Fünf-Gewürz-Pulver, Salz und Pfeffer würzen und mit Johannisbrotkernmehl leicht binden.
6. Die Glasur vom Feuer nehmen, erkalten lassen und die Schenkel damit bestreichen.
7. Unter dem Grill goldgelb überbacken, herausnehmen, mit der feingehackten Melisse bestreuen, anrichten, ausgarnieren und servieren.

Lammchops mit Mintgelee

SIE BENÖTIGEN FÜR 4 PERSONEN

8-12 Lammchops
3-4 EL Olivenöl
2 Knoblauchzehen
Salz
Pfeffer aus der Mühle
1 Tasse Mintgelee
1/2 Bund Pfefferminze
Alufolie

1. Die küchenfertigen Lammchops unter fließendem Wasser abwaschen, trockentupfen und zum Braten vorbereiten. Das Olivenöl in einer Pfanne erhitzen. Die geschälten und feingehackten Knoblauchzehen darin anschwitzen.
2. Die Lammchops im Knoblauchfett braten, mit Salz und Pfeffer würzen, herausnehmen und erkalten lassen.
3. Die Lammchops anschließend mit Mintgelee einstreichen und mit der verlesenen, gewaschenen und feingehackten Pfefferminze bestreuen. Jeweils ein kleines Stück Alufolie um die Knochen wickeln, die Lammchops auf einer Platte anrichten, ausgarnieren und servieren.

Rehrücken mit Gänseleberparfait

SIE BENÖTIGEN FÜR 4 PERSONEN

1 küchenfertigen Rehrücken
1 TL Wacholderbeeren
1 TL schwarze Pfefferkörner
1 TL Majoran, 1 TL Thymian
1 EL geriebene Zitronenschale
1 Tasse Olivenöl
Salz, Pfeffer aus der Mühle
4 cl Weinbrand
200 g Gänseleberparfait
100 g Mascarpone-Käse
1 Schuß Weißwein
1-2 EL Johannisbeergelee
Weinbrand, Zitronensaft
1/2 Bund Petersilie
Mandarinenfilets
Johannisbeeren

1. Den küchenfertigen Rehrücken abwaschen und trockentupfen.
2. Die Wacholderbeeren und Pfefferkörner zerreiben. Mit Majoran, Thymian, der Zitronenschale und dem Olivenöl vermischen.
3. Den Rehrücken damit einstreichen und im Kühlschrank eine Stunde ruhen lassen.
4. Den Rehrücken in einen Bräter legen. Im auf 180-200 Grad vorgeheizten Backofen 10-15 Minuten je nach Geschmack medium oder durch braten.
5. Den Rehrücken salzen, pfeffern, mit Weinbrand flambieren, herausnehmen. In Alufolie wickeln und vollständig erkalten lassen.
6. Das Gänseleberparfait mit dem Mascarpone, dem Weißwein und dem Johannisbeergelee schaumig schlagen.
7. Die Creme mit Salz, Pfeffer, Weinbrand und Zitronensaft kräftig abschmecken und die feingehackte Petersilie untermischen.
8. Mit einem scharfen Messer die Filets vom Rehrücken trennen, in Scheibchen schneiden. Den Knochen mit Gänselebercreme bestreichen und die Filetscheiben darauf dekorativ anrichten.
9. Die restliche Creme in einen Spritzbeutel füllen. Den Rehrücken mit kleinen Rosetten oder Tupfen ausgarnieren.
10. Die Mandarinenfilets, die Johannisbeeren dekorativ darauf legen. Anrichten, ausgarnieren und servieren.

Gemischte Bratenplatte

SIE BENÖTIGEN FÜR 8-10 PERSONEN

1 kg Kalbsbraten
1 kg gefüllten Schweinerollbraten
1 kg gefüllte Kalbsbrust

FÜR DIE GARNITUR

Salatblätter
Sellerieblätter
Weintrauben
gefüllte Tomatenkörbchen
Karottensterne
Radieschenblüten

1. Eine rechteckige dekorative Platte bereitstellen.
2. Den Kalbsbraten zur Hälfte in dünne Scheiben schneiden.
3. Den Rollbraten und die gefüllte Kalbsbrust ebenfalls zur Hälfte in gut ein Zentimeter dicke Scheiben schneiden.
4. Das Rollbraten- und das Kalbsbrustbratenstück auf eine Seite der Platte legen und leicht schräg die Bratenscheiben davor anrichten. Die Platte nur bis zur Hälfte auslegen.
5. Das Kalbsbratenstück auf die untere Plattenhälfte legen. Die Kalbsbratenscheiben zusammenklappen und dekorativ vor dem Braten anrichten.
6. Die Zwischenräume mit Salat- und Sellerieblättern auslegen.
7. Die Platte mit Weintrauben, Tomatenkörbchen, Karottensternen und Radieschenblüten ausgarnieren.

Kalbsnuß in Kräuterhülle

SIE BENÖTIGEN FÜR 4 PERSONEN

1,5 kg Kalbsnuß
2 Karotten, 1 Kohlrabi
Salz, Pfeffer aus der Mühle
2-3 EL Dijonsenf
2 Knoblauchzehen, 1 TL Salz
je 1/2 Bund Estragon und Petersilie
1 EL geriebene Zitronenschale
200 g blanchierten Blattspinat
1 Prise Muskatpulver
1 Stück Schweinenetz
Fett zum Braten
Weißwein zum Ablöschen

1. Die Kalbsnuß unter fließendem Wasser abwaschen, trockentupfen und auf einer Arbeitsfläche bereitlegen.
2. Die Karotten und den Kohlrabi schälen, in ein Zentimeter dicke Stifte schneiden und die Kalbsnuß damit spicken.
3. Das Fleisch mit Salz und Pfeffer kräftig würzen.
4. Den Dijonsenf mit den geschälten und mit Salz zerriebenen Knoblauchzehen sowie den verlesenen, gewaschenen und gehackten Kräutern und der Zitronenschale glattrühren und das Fleisch damit einstreichen.
5. Den Blattspinat grob hacken, mit Salz, Pfeffer und Muskat kräftig abschmecken.
6. Das Schweinenetz wässern, säubern und auf einer Arbeitsfläche auslegen.
7. Das Fett in einem Bräter erhitzen und die Kalbsnuß darin rundherum Farbe nehmen lassen.
8. In der Zwischenzeit den Blattspinat auf dem Schweinenetz gleichmäßig verteilen.
9. Die Kalbsnuß im auf 180-200 Grad vorgeheizten Backofen 30-40 Minuten braten.
10. Herausnehmen und auf den Blattspinat legen. Das Ganze in das Schweinenetz einrollen und weitere 30-40 Minuten braten.
11. Während der Garzeit öfter mit Weißwein ablöschen. Nach Ende der Garzeit die Kalbsnuß anrichten und warm oder kalt servieren.

Gefüllte Kalbsbrust

SIE BENÖTIGEN FÜR 4 PERSONEN

1,2 kg Kalbsbrust ohne Knochen
Salz
Pfeffer aus der Mühle
1 TL Paprikapulver
1 EL Thymian
300 g feines Bratwurstbrät
1 Bund Schnittlauch
1 Zwiebel
1 TL grüne Pfefferkörner
1 Ei
1 EL Semmelbrösel
4 cl Weinbrand
1/4 l Weißwein

1. Die küchenfertige Kalbsbrust unter fließendem Wasser abwaschen und trockentupfen.
2. Mit einem scharfen Messer eine Tasche in die Kalbsbrust einschneiden. Von innen und außen mit Salz, Pfeffer, Paprika und Thymian einreiben.
3. Für die Füllung das Bratwurstbrät in eine Schüssel geben.
4. Den Schnittlauch verlesen, waschen, gut abtropfen lassen und fein schneiden. Die Zwiebel schälen und fein hacken. Die Pfefferkörner im Mörser zerstoßen. Das Ganze mit dem Ei, den Semmelbröseln und dem Weinbrand zum Brät geben und zu einer kompakten Masse verarbeiten.
5. Die Füllung gleichmäßig in die Kalbsbrust drücken und mit einer Küchenschnur zunähen.
6. Die Kalbsbrust in ein Bratgeschirr legen und im auf 180 bis 200 Grad vorgeheizten Backofen 70 bis 80 Minuten garen. Während der Garzeit öfter mit Weißwein ablöschen.
7. Nach Ende der Garzeit herausnehmen. Die Kalbsbrust in Scheiben schneiden, anrichten, ausgarnieren und servieren.

Lachssteaks mit Zitronenbutter

SIE BENÖTIGEN FÜR 4 PERSONEN

8 Lachssteaks à 100 g
Saft von 1 Zitrone
einige Tropfen Zitronenessig
einige Tropfen Worcestersoße
Salz
Pfeffer aus der Mühle
1 l Fisch- oder Gemüsebrühe
1 Glas Weißwein
1 Tasse Zitronenessig
1 Gewürzbeutel
1 Bund Suppengemüse
6-8 Blatt weiße Gelatine
100 g Butter
5 hartgekochte Eier
1 EL geriebene Zitronenschale
Saft von 1 Zitrone
1 Bund Zitronenmelisse
Zitronenpfeffer aus der Mühle
Kräuterzweige zum Garnieren

1. Die küchenfertigen Lachssteaks unter fließendem Wasser abwaschen, trockentupfen. Mit Zitronensaft, Zitronenessig und Worcestersoße beträufeln. Mit Salz und Pfeffer würzen und im Kühlschrank 10-15 Minuten ziehen lassen.
2. Die Fisch- oder Gemüsebrühe mit dem Weißwein, dem Zitronenessig, dem Gewürzbeutel und dem geputzten Suppengemüse in einen Topf geben. Bei mäßiger Hitze 5-6 Minuten köcheln lassen.
3. Anschließend die Lachssteaks in den Sud legen und bei mäßiger Hitze 10-15 Minuten gar ziehen lassen. Herausnehmen, gut abtropfen und erkalten lassen.
4. Den Sud passieren, 1/2 Liter abmessen, nochmals erhitzen und die gewässerte, gut ausgedrückte Gelatine darin vollständig auflösen lassen.
5. Den Sud mit Salz, Pfeffer, Zitronensaft und Worcestersoße kräftig abschmecken und erkalten lassen.
6. In der Zwischenzeit die Butter schaumig schlagen. Die Eier schälen, halbieren, das Eigelb durch ein Sieb streichen und mit der Butter vermischen.
7. Die Butter mit Zitronenschale, Zitronensaft, der verlesenen, gewaschenen und feingehackten Zitronenmelisse vermischen.
8. Die Masse mit Zitronenpfeffer, Salz und Pfeffer aus der Mühle abschmecken.
9. Die Lachssteaks anrichten, die Zitronenbutter in einen Spritzbeutel füllen und dekorativ auf den Lachssteaks anrichten.
10. Das Aspik gleichmäßig auf den Lachssteaks und der Zitronenbutter verteilen und vollständig erkalten lassen. Mit Kräuterzweigen ausgarnieren, anrichten und servieren.

Wurzelforellen in Gelee

SIE BENÖTIGEN FÜR 4 PERSONEN

4 küchenfertige Forellen
Saft von 1 Zitrone
1/2 Tasse Zitronenessig
einige Tropfen Worcestersoße
Salz, Pfeffer aus der Mühle
1 l Fisch- oder Gemüsebrühe
1 Gewürzbeutel (Nelken, Wacholderbeeren, Pfefferkörner, Senfkörner)
1 Glas Weißwein, 1 Tasse Obstessig
1 gespickte Zwiebel, 2 Karotten
1 Stück Sellerie, 1 Stück Lauch
1/2 Bund Dill
8 Blatt weiße Gelatine

1. Die küchenfertigen Forellen unter fließendem Wasser abwaschen, trockentupfen. Mit Zitronensaft, Zitronenessig und Worcestersoße beträufeln. Mit Salz und Pfeffer würzen und im Kühlschrank mindestens 10-15 Minuten ziehen lassen.
2. Die Fisch- oder Gemüsebrühe mit dem Gewürzbeutel, dem Weißwein, dem Obstessig und der Zwiebel in einen Topf geben und bei mäßiger Hitze 6-8 Minuten köcheln lassen.
3. Die Karotten, den Sellerie und den Lauch putzen, waschen, gut abtropfen lassen. In mundgerechte Würfel, Scheibchen oder Streifen schneiden und mit den Forellen in den Sud legen.
4. Die Forellen bei mäßiger Hitze 15-20 Minuten gar ziehen lassen.
5. Anschließend die Forellen herausnehmen, gut abtropfen lassen. Die Haut vom Kopf bis zum Schwanzende ablösen und die Forellen dekorativ in eine Form legen.
6. Das Gemüse aus dem Sud nehmen, gut abtropfen lassen und dekorativ zu den Forellen legen.
7. 1/2 Liter Sud abmessen, passieren, nochmals erhitzen und den verlesenen, gewaschenen, feingeschnittenen oder zerpflückten Dill einrühren.
8. Die gewässerte, gut ausgedrückte Blattgelatine im Sud vollständig auflösen lassen und diesen gleichmäßig auf den Forellen verteilen.
9. Das Ganze im Kühlschrank vollständig erkalten lassen, anrichten, ausgarnieren und servieren.

Cocktail-Dip

SIE BENÖTIGEN FÜR 4 PERSONEN

250 g Speisequark
1 Becher Joghurt
1 Schuß Sahne
4 EL Johannisbeergelee
4 EL Obstessig
1 EL Curry
Salz, Pfeffer aus der Mühle
1 Prise Cayennepfeffer
1 Prise Ingwerpulver
4 cl Weinbrand

1. Den Speisequark mit dem Joghurt und der Sahne in eine Schüssel geben und glattrühren.
2. Das Johannisbeergelee und den Obstessig dazugeben und kräftig darunterschlagen, bis sich das Johannisbeergelee vollständig aufgelöst hat.
3. Den Dip mit Curry, Salz, Pfeffer, Cayennepfeffer und Ingwer kräftig würzen.
4. Anschließend mit Weinbrand aromatisieren. Den Cocktail-Dip anrichten, ausgarnieren und zum weiteren Verzehr bereitstellen.

Kaviar-Träumerei

SIE BENÖTIGEN FÜR 4 PERSONEN

1 Glas russischen Kaviar
1 Glas Forellen-Kaviar
1 Glas Keta-Kaviar
1 Glas Deutschen Kaviar
4 hartgekochte Eier
2 Schalotten, 1 Bund Petersilie
1 Bund Schnittlauch
2 EL geriebene Zitronenschale
2 Becher Crème fraîche
Saft von 2 Zitronen
Salz, Pfeffer aus der Mühle

FÜR DIE BUCHWEIZENBLINIS

125 g Buchweizenmehl
125 g Weizenvollkornmehl
1 Päckchen Trockenhefe
2 Eier, 1 TL Zucker, 1 TL Salz
1/4 l lauwarme Sahne
50 g flüssige Butter oder Margarine

1. Die Kaviarsorten auf zerstoßenem Eis in Gläser oder in dekorativen Schälchen anrichten.
2. Die hartgekochten Eier schälen und fein hacken. Die Schalotten ebenfalls schälen und hacken.
3. Die Petersilie und den Schnittlauch verlesen, waschen, gut abtropfen lassen, fein hacken bzw. schneiden und mit der Zitronenschale vermischen.
4. Die Crème fraîche mit dem Zitronensaft schaumig schlagen. Mit Salz und Pfeffer würzen.
5. Auf einen großen Teller die gehackten Eier, die Schalotten, die Kräutermischung und die Crème fraîche dekorativ anrichten und mit den Buchweizenblinis servieren.
6. Für die Buchweizenblinis das Buchweizenmehl mit dem Weizenvollkornmehl, der Hefe, den Eiern, dem Zucker, dem Salz und der Sahne zu einem glatten kompakten Teig verarbeiten.
7. Die Butter oder Margarine tropfenweise einrühren und das Ganze nochmal kräftig durcharbeiten.
8. Mit einem sauberen Küchentuch abdecken und den Teig zur doppelten Menge aufgehen lassen.
9. Erneut den Teig auf einer bemehlten Arbeitsfläche durcharbeiten und kleine Fladen davon formen.
10. Die Fladen im schwimmenden Fett goldgelb ausbacken, herausnehmen und zum Kaviar servieren.

Gefüllte Langusten

SIE BENÖTIGEN FÜR 4 PERSONEN

2 mittelgroße gekochte Langusten
2 mittelgroße Avocados
1 kleine Honigmelone
100 g frische Champignons
Saft von 2 Zitronen
2 Kästchen Kresse
Aceto balsamico
Olivenöl
Salz
Pfeffer aus der Mühle
1/2 Becher Sahne
1 Tasse Mayonnaise
2-3 EL Tomatenketchup
1-2 EL Johannisbeergelee
2 cl Weinbrand
Cayennepfeffer
1 TL Curry

1. Die Langusten halbieren und das Fleisch herauslösen. In mundgerechte Stücke schneiden und in eine Schüssel geben.
2. Die Avocados halbieren, den Kern herauslösen und das Fruchtfleisch mit einem Kugelausstecher ausstechen. Mit Zitronensaft sofort beträufeln.
3. Die Honigmelone halbieren, das Kerngehäuse mit einem Teelöffel herausschaben und mit Hilfe eines Kugelausstechers ausstechen.
4. Die Champignons in Scheiben schneiden und mit Zitronensaft sofort beträufeln.
5. Die Kresse mit den Champignons, den Advocadokugeln, den Melonenkugeln und dem Langustenfleisch vermischen. Mit Essig und Öl beträufeln. Salzen, pfeffern und 10 Minuten ziehen lassen.
6. Den Salat in die Langusten-, die Advocado- und die Melonenhälften füllen.
7. Die Sahne steif schlagen, die Mayonnaise mit dem Tomatenketchup, dem Johannisbeergelee und dem Weinbrand so lange verschlagen, bis sich das Johannisbeergelee vollständig aufgelöst hat.
8. Die Sahne vorsichtig unterheben. Mit Salz, Pfeffer, Cayennepfeffer und Curry abschmecken.
9. Die Creme auf dem Salat verteilen, ausgarnieren und servieren.

Hummer mit Kaviarcreme

SIE BENÖTIGEN FÜR 4 PERSONEN

2 gekochte Hummer
1 Glas Weißwein
1 Glas Noilly Prat
4 Blatt weiße Gelatine
Salz
Pfeffer aus der Mühle
Zitronensaft
Worcestersoße
1/2 Becher Sahne
1 Tasse Mayonnaise
1 Prise Cayennepfeffer
1 kleines Glas echten Kaviar
Kräuterzweige zum Garnieren

1. Das Fleisch aus dem Hummer brechen und dekorativ würfeln.
2. Den Weißwein mit dem Noilly Prat in einen Topf geben, erhitzen. Die gewässerte, ausgedrückte Gelatine darin auflösen.
3. Den Sud mit Salz, Pfeffer, Zitronensaft und Worcestersoße abschmecken.
4. Das Hummerfleisch auf den Panzern anrichten und mit dem Gelee gleichmäßig überziehen.
5. Die Sahne steif schlagen, mit der Mayonnaise glattrühren. Mit Salz, Pfeffer, Zitronensaft, Worcestersoße und Cayennepfeffer abschmecken und den Kaviar untermischen.
6. Die Creme zum garnierten Hummer geben, mit Kräuterzweigen verzieren, ausgarnieren und servieren.

Gebackene Austern

SIE BENÖTIGEN FÜR 4 PERSONEN

20-24 frische Austern
1 l Gemüse- oder Fischbrühe
1 Glas Weißwein
1/2 Tasse Obstessig
1 gespickte Zwiebel
2 Bund Suppengemüse
1 Gewürzbeutel (Pimentkörner, Wacholderbeeren, Pfefferkörner, Senfkörner)
Salz
Pfeffer aus der Mühle
1 Tasse Mehl
2 Eier
1 Tasse Semmelbrösel
1/2 Bund Zitronenmelisse
Butter oder Margarine zum Braten

1. Die Austern unter fließendem Wasser kräftig abbürsten, gut abtropfen lassen und bereitlegen.
2. Die Brühe mit dem Weißwein und dem Obstessig in einen Topf geben und zum Kochen bringen.
3. Die Zwiebel, das Suppengemüse und den Gewürzbeutel in den Sud geben. Das Ganze bei mäßiger Hitze 10 Minuten ziehen lassen.
4. Den Sud mit Salz und Pfeffer würzen. Die Austern in den Sud geben und bei mäßiger Hitze 10 Minuten gar ziehen lassen.
5. Die Austern aufbrechen, das Fleisch vorsichtig herauslösen und im Mehl wenden.
6. Die Eier mit einer Gabel verschlagen, die Semmelbrösel mit der feingehackten Zitronenmelisse vermischen.
7. Die mehlierten Austern zuerst in den Eiern wenden und dann in den Semmelbröseln panieren.
8. Die Butter in einer Pfanne erhitzen und die Austern darin backen. Herausnehmen, anrichten, ausgarnieren und servieren.

Schnelle Canapèplatte

SIE BENÖTIGEN FÜR 4 PERSONEN PRO REZEPT

8-12 Brotscheiben

1. Die Brotscheiben mit einem runden Ausstecher zu Canapès ausstechen.

Mett-Canapès

400 g Schweinemett
1 Zwiebel, 2 Essiggurken
1/2 Tasse gehackte Kräuter
Salz, Pfeffer aus der Mühle
1 Prise Cayennepfeffer
Paprika- und Kräuterzwiebelringe

1. Die Zwiebel schälen und mit den Essiggurken hacken und unter das Mett rühren. Abschmecken und auf den Canapès verteilen.
2. Mit Paprika- und Zwiebelringen ausgarnieren, anrichten und zum weiteren Verzehr bereitstellen.

Salami-Canapès

Butter oder Margarine
1 Stück Salatgurke
100 g feine Salami
gefüllte Oliven
Kräuterzweige, Cocktailspieße

1. Die Canapès dünn mit Butter oder Margarine bestreichen.
2. Die Salatgurke in Scheiben schneiden und mit Zackenausstechern formen.
3. Die Gurkenscheiben auf die Canapès legen. Die Salamischeiben zu Tütchen formen und auf die Gurken geben.
4. Die gefüllten Oliven halbieren. Mit den Kräuterzweigen ausgarnieren. Jeweils einen Cocktailspieß in das Canapè stechen, anrichten, ausgarnieren und servieren.

Käse-Canapès

Butter, Salatblätter
100 g Butterkäse
Weintrauben und Mandarinen
Cocktailspieße
Kräuterzweige

1. Die Canapès dünn mit Butter bestreichen und mit den Salatblättern belegen.
2. Die Butterkäsescheiben zusammendrehen und auf die Salatblätter verteilen.
3. Die Weintrauben und Mandarinenfilets anrichten. Einen Cocktailspieß einstechen, mit Kräutern ausgarnieren und zum weiteren Verzehr bereitstellen.

Quark-Canapès

200 g Speisequark, 1 Schuß Sahne
1/2 Tasse frisch gehackte Kräuter
1 kleine Zwiebel
1-2 EL mittelscharfen Senf
Zitronensaft, Worcestersoße
Salatblätter, Kräuterzweige
Paprikawürfel zum Garnieren

1. Den Quark mit der Sahne, den gehackten Kräutern, der geriebenen Zwiebel und dem Senf verrühren.
2. Kräftig abschmecken und die Canapès mit Salatblättern belegen.
3. Den Quark in einen Spritzbeutel füllen und Rosetten aufspritzen.
4. Mit Kräuterzweigen und Paprikawürfeln ausgarnieren, anrichten und zum weiteren Verzehr bereitstellen.

Feinschmecker-Canapès

Butter, Salatblätter
200 g Waldorfsalat
100 g Bierschinken
Walnußhälften
Kräuterzweige zum Garnieren

1. Die Canapès mit Butter bestreichen und mit den Salatblättern belegen.
2. Den Waldorfsalat auf die Salatblätter verteilen.
3. Die Bierschinkenscheiben zusammendrehen und auf dem Salat anrichten. Mit Walnußhälften und Kräuterzweigen ausgarnieren, anrichten und zum weiteren Verzehr bereitstellen.

Schinken-Canapès

Butter
100 g geräucherten rohen Schinken
1 Tasse Essiggemüse
frisch geriebenen Meerrettich
Kräuterzweige zum Garnieren

1. Die Canapès dünn mit Butter bestreichen.
2. Den Schinken zu Rosetten zusammendrehen und dekorativ auf den Canapès anrichten.
3. Das Essiggemüse darauf anrichten und mit Meerrettich bestreuen.
4. Mit Kräutern ausgarnieren, anrichten und zum weiteren Verzehr bereitstellen.

Spargel-Canapès

Butter, 100 g gekochten Schinken
100 g gekochte Spargelabschnitte
1/2 Becher Tomaten Crème fraîche
Kresse zum Garnieren

1. Die Canapès dünn mit Butter bestreichen.
2. Den gekochten Schinken und die Spargelabschnitte dekorativ auf den Canapès anrichten.
3. Mit je einem Klacks Tomaten Crème fraîche überziehen. Mit Kresse ausgarnieren, anrichten und zum weiteren Verzehr bereitstellen.

Hähnchencanapès

SIE BENÖTIGEN FÜR 4 PERSONEN

2 küchenfertige Hähnchenbrustfilets
Salz, Pfeffer aus der Mühle
1 Prise Cayennepfeffer
1 TL Kräuter der Provence
Butter oder Margarine
4 cl Weinbrand

AUSSERDEM

8-12 Scheiben Weißbrot
2-3 Tomaten
1/2 Bund Basilikum
100 g Edelpilzkäse
1 Schuß Sahne, 1 Prise Zucker
einige Tropfen Zitronensaft
Kräuterzweige zum Garnieren

1. Die Hähnchenbrustfilets mit Salz, Pfeffer und Cayennepfeffer sowie den Kräutern der Provence würzen und mit etwas Butter braten.
2. Die Hähnchenfilets mit Weinbrand flambieren, herausnehmen, in Alufolie wickeln und erkalten lassen.
3. Die Weißbrotscheiben mit einem runden Ausstecher zu Canapès ausstechen und dünn mit Butter bestreichen.
4. Die Tomaten in Scheiben schneiden, auf die Canapès legen.
5. Mit Salz und Pfeffer würzen und mit dem gehackten Basilikum bestreuen.
6. Die Hähnchenbrustfilets in Scheiben schneiden und auf die Tomaten legen.
7. Den Edelpilzkäse mit der Sahne zu einer streichfähigen Masse verrühren. Mit Salz, Pfeffer, Zucker und Zitronensaft abschmecken. In einen Spritzbeutel füllen und auf das Hähnchenfleisch auftragen.
8. Die Hähnchencanapès mit Kräuterzweigen ausgarnieren, anrichten und servieren.

Lachscanapès

SIE BENÖTIGEN FÜR 4 PERSONEN

8-12 Lachsfilets á 50 g
Zitronensaft, Worcestersoße
Salz, Pfeffer aus der Mühle
Mehl zum Wenden
Butter oder Margarine
8-12 Scheiben Weißbrot
1/2 Becher Sahne
1/2 Päckchen Sahnesteif
2-3 EL Sahne-Meerrettich
1-2 EL Preiselbeerkompott
einige Kiwischeiben oder -ecken
Dillzweige zum Garnieren

1. Die Lachsfilets abwaschen, trockentupfen, mit Zitronensaft und Worcestersoße beträufeln. Mit Salz und Pfeffer würzen und im Kühlschrank mindestens 10-15 Minuten ziehen lassen.
2. Die Filets im Mehl wenden. Die Butter in einer Pfanne erhitzen und die Filets darin braten. Herausnehmen und erkalten lassen.
3. Die Weißbrotscheiben mit einem runden Ausstecher zu Canapès ausstechen und dünn mit Butter oder Margarine bestreichen.
4. Die Lachsfilets dekorativ auf die Canapès legen.
5. Die Sahne mit dem Sahnesteif schlagen. Den Sahne-Meerrettich und das Preiselbeerkompott unterziehen. Mit Salz, Pfeffer, Zitronensaft und Worcestersoße abschmecken.
6. Die Masse in einen Spritzbeutel füllen und dekorativ Röschen auf die Lachsfilets auftragen.
7. Mit Kiwischeiben oder -ecken und Dillzweigen ausgarnieren, anrichten und zum weiteren Verzehr bereitstellen.

Canapès mit Matjestatar

SIE BENÖTIGEN FÜR 4 PERSONEN

8-12 Scheiben Toastbrot
Butter oder Margarine
1/2 Salatgurke
Salz, Pfeffer aus der Mühle
4 Matjesfilets, 1 Apfel
1/2 Bund Dill
Saft von 1 Zitrone
1/2 Becher Kräuter Crème fraîche
Kräuterzweige und Keta-Kaviar

1. Aus den Toastscheiben mit einem runden Ausstecher Canapès ausstechen und dünn mit Butter oder Margarine bestreichen.
2. Die Salatgurke in Scheiben schneiden und die Scheiben auf die Canapès legen.
3. Mit Salz und Pfeffer würzen. Die Matjesfilets abwaschen, trockentupfen und würfeln.
4. Den Apfel schälen, entkernen, fein würfeln und mit Zitronensaft beträufeln.
5. Die Matjes- und Apfelwürfel mit dem feingehackten Dill vermischen.
6. Das Matjestatar mit Salz und Pfeffer abschmecken und auf die Gurken schichten.
7. Mit einem Klacks Kräuter Crème fraîche überziehen. Mit Kräuterzweigen und Keta-Kaviar ausgarnieren, anrichten und servieren.

Canapès mit Filettatar

SIE BENÖTIGEN FÜR 4 PERSONEN

400 g Tatar
2 Eigelb
1 Zwiebel, 1 Essiggurke
3-4 Sardellenfilets
3-4 El Kapern
Salz, Pfeffer aus der Mühle
1/2 TL Paprikapulver
1 Prise Cayennepfeffer
einige Tropfen Weinbrand
8-12 Vollkornbrotscheiben
Salatblätte, Zwiebelringe
Kräuterzweige zum Garnieren

1. Das Tatar in eine Schüssel geben und das Eigelb kräftig darunterrühren.
2. Die Zwiebel schälen, fein reiben. Die Essiggurke fein hacken.
3. Die Sardellenfilets und die Kapern hacken. Mit den restlichen Zutaten unter das Tatar rühren.
4. Das Tatar mit Salz, Pfeffer, Paprika, Cayennepfeffer und Weinbrand kräftig abschmecken.
5. Aus den Vollkornbrotscheiben mit einem runden Ausstecher Canapès ausstechen und mit Salatblättern belegen.
6. Das Tatar dekorativ auf den Canapès anrichten. Mit Zwiebelringen und Kräuterzweigen ausgarnieren, anrichten und servieren.

Räucherlachs auf Fladen

SIE BENÖTIGEN FÜR 4 PERSONEN

500 g Weizenvollkornmehl
1 EL Salz
30 g geriebenen Parmesankäse
1 TL gemahlenen Kümmel
1 TL gemahlenen Koriander
150 g Joghurt
gut 1/4 l Milch
Fett zum Ausbacken
1 Becher Sahne
1 Päckchen Sahnesteif
2-3 EL fein geriebenen Meerrettich
einige Tropfen Zitronensaft
Salz, Pfeffer aus der Mühle
1/2 Tasse Preiselbeerkompott
einige Tropfen Weinbrand
300 g geräucherte Lachsscheiben

1. Das Weizenvollkornmehl mit dem Salz, dem Parmesan, dem Kümmel und dem Koriander in einer Schüssel oder auf einer Arbeitsfläche vermischen.
2. Den Joghurt und die Milch angießen und das Ganze zu einem glatten kompakten Teig kneten.
3. Den Teig auf einer bemehlten Arbeitsfläche ausrollen und runde Fladen ausstechen.
4. Die Fladen in einer Pfanne mit etwas Fett auf beiden Seiten goldgelb backen. Herausnehmen und bereitstellen.
5. Die Sahne mit dem Sahnesteif schlagen. Den Meerrettich untermischen. Mit Zitronensaft, Salz und Pfeffer kräftig würzen.
6. Das gut abgetropfte Preiselbeerkompott untermischen und das Ganze mit Weinbrand aromatisieren.
7. Die Räucherlachsscheiben dekorativ auf den Fladen anrichten. Mit der Creme überziehen, ausgarnieren und servieren.

Lukullusbrot

SIE BENÖTIGEN FÜR 4 PERSONEN

8-12 Scheiben Vollkornbrot
Butter oder Margarine zum Bestreichen
200 g Graved Lachs
einige Salatblätter (Eichblatt oder Batavia)
1 kleines Glas Forellen-Kaviar
1 kleines Glas Keta-Kaviar
1 kleines Glas echten Kaviar

1. Das Vollkornbrot in viereckige Scheiben schneiden und mit Butter oder Margarine dünn bestreichen.
2. Den Graved Lachs in hauchdünne Scheibchen schneiden. Die verlesenen, gewaschenen und gut abgetropften Salatblätter auf die Brote legen.
3. Den Lachs in Rosetten darauf legen, abwechselnd mit Forellen-Kaviar, Keta-Kaviar und echtem Kaviar ausgarnieren, anrichten und servieren.

Brot mit Muscheln

SIE BENÖTIGEN FÜR 4 PERSONEN

8-12 Weißbrotscheiben
Butter oder Margarine zum Bestreichen
einige Salatblätter
1 Glas Miesmuschelsalat
1 kleines Glas gefüllte Oliven
1 Röhrchen Kapern
2 Schalotten
3-4 EL Kresse
einige Tropfen Zitronensaft
einige Tropfen Olivenöl
einige Tropfen Obstessig
Salz
Pfeffer aus der Mühle
1 Prise Zucker
Kräuterzweige zum Garnieren

1. Die Weißbrotscheiben in viereckige Scheibchen schneiden. Dünn mit Butter oder Margarine bestreichen und mit Salatblättern belegen.
2. Die Muscheln, die halbierten Oliven, die Kapern und die geschälten, feingehackten Schalotten sowie die Kresse in eine Schüssel geben und alles vorsichtig miteinander vermischen.
3. Das Ganze mit Zitronensaft, Olivenöl, Obstessig, Salz, Pfeffer und Zucker kräftig abschmecken.
4. Die Mischung dekorativ auf die Brote verteilen. Mit den Kräuterzweigen ausgarnieren und servieren.

Roastbeefbrot

SIE BENÖTIGEN FÜR 4 PERSONEN

8-12 Scheiben Mischbrot
Butter
200 g Roastbeef
2 hartgekochte Eier
1 kleines Glas Mixed Pickles
einige Kräuterzweige
1/2 Tasse Mayonnaise
2-3 EL Crème fraîche
1/2 Tasse frisch gehackte Kräuter
1 kleine Essiggurke
einige Kapern
1-2 EL mittelscharfen Senf
Salz, Pfeffer aus der Mühle
einige Tropfen Zitronensaft
einige Tropfen Worcestersoße

1. Das Mischbrot in viereckige Scheibchen schneiden und dünn mit Butter oder Margarine bestreichen.
2. Das in dünne Scheiben geschnittene Roastbeef und die geschälten und in Scheiben geschnittenen Eier dekorativ darauf anrichten.
3. Das Ganze mit Mixed Pickles und Kräuterzweigen ausgarnieren.
4. Die Mayonnaise mit der Crème fraîche, den gehackten Kräutern, der gehackten Essiggurke, den Kapern und dem Senf verrühren. Mit Salz, Pfeffer, Zitronensaft und Worcestersoße abschmecken.
5. Die Soße gleichmäßig auf den Roastbeefbroten verteilen, ausgarnieren und servieren.

Brot mit kaltem Braten

SIE BENÖTIGEN FÜR 4 PERSONEN

250 g Rotkraut
1/2 Tasse Fleischbrühe
2-3 EL Rotweinessig
1 EL Senf
Pfeffer aus der Mühle
2-3 EL Preiselbeerkompott
1 Msp. gemahlenen Kümmel
1 Prise Cayennepfeffer
8-12 Mischbrotscheiben
einige Tropfen Olivenöl
2-3 EL gehackte Walnüsse
1/2 Tasse Mandarinenfilets
100 g kalten Schweinebraten
Kräuterzweige zum Garnieren

1. Das geputzte und in sehr feine Streifen geschnittene Rotkraut in einen Topf geben. Die Fleischbrühe, den Rotweinessig und das Salz dazugeben und bei mäßiger Hitze bißfest dünsten.
2. Mit Pfeffer aus der Mühle, Preiselbeerkompott, Kümmel und Cayennepfeffer kräftig abschmecken. Vom Feuer nehmen und erkalten lassen.
3. Das Mischbrot in viereckige Scheibchen schneiden und mit den Salatblättern auslegen.
4. Den Krautsalat mit Olivenöl verfeinern und die Walnüsse untermischen.
5. Das Kraut dekorativ auf den Broten anrichten, mit den Mandarinenfilets und den zusammengefalteten Schweinebratenscheiben belegen. Mit Kräuterzweigen ausgarnieren und servieren.

Renkencanapès

SIE BENÖTIGEN FÜR 4 PERSONEN

8-12 Scheiben Vollkorntoast
Butter oder Margarine
einige Salatblätter
250 g geräucherte Renkenfilets
100 g Doppelrahm-Frischkäse
1 Schuß Weißwein
Saft von 1/2 Zitrone
einige Tropfen Worcestersoße
1-2 EL Sahne-Meerrettich
Salz, Pfeffer aus der Mühle
1 Prise Cayennepfeffer
Kiwis, Kakis

1. Die Vollkorntoasts mit einem runden Ausstecher ausstechen und dünn mit Butter bestreichen.
2. Die Canapès mit den verlesenen, gewaschenen und gut abgetropften Salatblättern belegen.
3. Die Renkenfilets in Scheiben schneiden und auf den Salatblättern anrichten.
4. Den Doppelrahm-Frischkäse mit dem Weißwein und dem Zitronensaft zu einer streichfähigen Masse verrühren.
5. Mit Worcestersoße, Sahne-Meerrettich, Salz, Pfeffer und Cayennepfeffer abschmecken.
6. Die Masse in einen Spritzbeutel füllen und auf das Renkenfilet aufspritzen
7. Die Kiwis und Kakis entsprechend vorbereiten, kleinschneiden und die Canapès damit ausgarnieren, anrichten und zum weiteren Verzehr bereitstellen.

Filetcanapès

SIE BENÖTIGEN FÜR 4 PERSONEN

8-12 Scheiben Vollkornbrot
Butter oder Margarine
einige Salatblätter
8-12 Rindermedaillons á 50 g
100 g Trüffelleberpastete
1 Schuß Sahne
einige Tropfen Weinbrand
Salz, Pfeffer aus der Mühle
1 Prise Cayennepfeffer
Kräuterzweige, Preiselbeeren

1. Die Vollkornbrote mit einem runden Ausstecher zu Canapès ausstechen und mit Butter oder Margarine bestreichen.
2. Die Salatblätter verlesen, auf die Canapès legen.
3. Die Rindermedaillons würzen und in einer Pfanne fettfrei medium oder durch braten. Herausnehmen und dekorativ auf die Salatblätter legen.
4. Die Trüffelleberpastete mit der Sahne zu einer streichfähigen Masse verrühren. Mit Weinbrand aromatisieren, mit Salz, Pfeffer und Cayennepfeffer abschmecken.
5. Die Masse in einen Spritzbeutel geben und kleine Rosetten auf die Rindermedaillons spritzen.
6. Die Filetcanapès mit Kräuterzweigen und Preiselbeeren ausgarnieren, anrichten und servieren.

Lamm-Medaillons mit Edelpilzcreme

SIE BENÖTIGEN FÜR 4 PERSONEN

8-12 Lamm-Medaillons
Pfeffer aus der Mühle
2 Knoblauchzehen
1 TL Kräuter der Provence
Fett
Weinbrand zum Flambieren
Salz
100 g Edelpilzkäse
100 g Doppelrahm-Frischkäse
1 Schuß Sahne
1 Zwiebel
1/2 Bund Petersilie
1/2 Bund Pfefferminze
1 Mango
2 Kiwis

1. Die Lamm-Medaillons unter fließendem Wasser abwaschen und trockentupfen. Mit Pfeffer würzen.
2. Die Knoblauchzehen fein hacken. Mit den Kräutern der Provence vermischen und die Medaillons damit einreiben.
3. Fett in einer Pfanne erhitzen und die Medaillons darin braten. Mit dem Weinbrand flambieren und mit Salz würzen. Anschließend die Medaillons in Alufolie wickeln und erkalten lassen.
4. Den Edelpilzkäse und den Doppelrahm-Frischkäse in eine Schüssel geben und mit der Sahne glattrühren.
5. Die geschälte Zwiebel und die verlesenen, gewaschenen und gut abgetropften Kräuter hacken, unter die Creme mischen. Die Medaillons mit der Creme garnieren.
6. Mit Mango- und Kiwistücken ausgarnieren und servieren.

Feine Hirschmedaillons

SIE BENÖTIGEN FÜR 4 PERSONEN

8-12 Hirschmedaillons
Pfefferkörner
Wacholderbeeren
Pfeffer aus der Mühle
Fett
Weinbrand zum Flambieren
Salz
200 g Speisequark
1 Schuß Sahne
1 Schuß Weißwein
Zitronensaft
Worcestersoße
1 TL geriebene Orangenschale
1 TL geriebene Zitronenschale
3-4 EL Johannisbeergelee
4 Blatt weiße Gelatine
Johannisbeeren und Kräuterzweige

1. Die Hirschmedaillons unter fließendem Wasser abwaschen und trockentupfen. Die Pfefferkörner und Wacholderbeeren zerreiben. Mit dem Pfeffer die Medaillons würzen.
2. Fett in einer Pfanne erhitzen und die Medaillons darin braten. Mit Weinbrand flambieren und mit Salz würzen. Anschließend die Medaillons in Alufolie wickeln und erkalten lassen.
3. Den Quark mit der Sahne und dem Weißwein glattrühren. Das Ganze mit Zitronensaft, Worcestersoße, Orangenschale, Zitronensschale und Johannisbeergelee kräftig würzen.
4. Die ausgedrückte Gelatine im Weißwein zerlassen und unter die Quarkmasse rühren.
5. Die Masse in einen Spritzbeutel füllen und auf die Medaillons spritzen. Das Ganze mit Johannisbeeren und Kräuterzweigen ausgarnieren und servieren.

Schweinemedaillons im Speckmantel

SIE BENÖTIGEN FÜR 4 PERSONEN

8-12 Schweinemedaillons
8-12 Scheiben durchwachsenen geräucherten Speck
Pfeffer aus der Mühle
Fett
75 g gekochten Schinken
75 g Zwiebeln
75 g frische Champignons
Saft von 1/2 Zitrone
2-3 EL Crème fraîche
Muskat
1/2 Bund Petersilie

1. Die Medaillons unter fließendem Wasser abwaschen und trockentupfen. Mit je einer Speckscheibe umwickeln und mit Küchenschnur festbinden.
2. Mit Pfeffer würzen. Fett in einer Pfanne erhitzen und die Medaillons darin braten. Anschließend herausnehmen und mit Salz würzen. In Alufolie wickeln und erkalten lassen.
3. Den kleingeschnittenen Schinken mit den geschälten, feingehackten Zwiebeln und den mit Zitronensaft beträufelten Champignons im Mixer oder mit dem Pürierstab pürieren.
4. Die Crème fraîche einrühren. Das Ganze kräftig würzen und die gehackte Petersilie untermischen.
5. Die Medaillons anrichten, die Masse darauf verteilen, ausgarnieren und servieren.

Filet mignons Straßbourgh

SIE BENÖTIGEN FÜR 4 PERSONEN

8-12 Filet mignons à 60 g
Fett zum Braten
Cognac zum Flambieren
Salz
Pfeffer aus der Mühle
100 g Gänselebercreme
50 g Butter
Zitronensaft
Cognac
Madeira
1 kleine Dose schwarze Trüffel
2 säuerliche Äpfel
einige Pistazienkerne
Kräuterzweige zum Garnieren

1. Die Filet mignons unter fließendem Wasser abwaschen und trockentupfen. Fett in einer Pfanne erhitzen und darin braten.
2. Die Medaillons mit Cognac flambieren. In Alufolie wickeln und vollständig erkalten lassen.
3. Die Gänseleber mit der Butter in eine Schüssel geben und schaumig schlagen.
4. Das Ganze mit Zitronensaft, Cognac und Madeira aromatisieren. Mit Salz und Pfeffer würzen. Die gewürfelten Trüffel untermischen.
5. Die Äpfel schälen, entkernen, in 8-12 dünne Scheiben schneiden. Mit Zitronensaft und Weinbrand beträufeln und anrichten.
6. Die Filet mignons darauf verteilen. Die Creme aufspritzen, ausgarnieren und servieren.

Schweinemedaillons mit Essiggemüse

SIE BENÖTIGEN FÜR 4 PERSONEN

8-12 Schweinemedaillons à 60 g
Pfeffer aus der Mühle
1 EL Kräuter der Provence
Fett zum Braten
Weinbrand zum Flambieren
Salz
1 kleines Glas Essiggemüse
1/4 l Fleischbrühe
Madeira
Sherry
6 Blatt weiße Gelatine
Kräuterzweige zum Garnieren

1. Die Medaillons unter fließendem Wasser abwaschen und trockentupfen. Mit Pfeffer und Kräutern der Provence würzen.
2. Fett in einer Pfanne erhitzen und die Medaillons darin braten. Mit Weinbrand flambieren und leicht salzen.
3. Die Medaillons in Alufolie wickeln und erkalten lassen.
4. Die Medaillons anrichten und mit dem Essiggemüse belegen.
5. Die Brühe erhitzen. Mit Madeira, Sherry, Salz und Pfeffer abrunden. Die gewässerte, gut ausgedrückte Gelatine darin auflösen.
6. Das Gelee erkalten lassen und kurz vor dem Festwerden die Medaillons damit überziehen. Anschließend anrichten, mit Kräuterzweigen ausgarnieren und servieren.

Kalbsmedaillons mit Kräuterkäse

SIE BENÖTIGEN FÜR 4 PERSONEN

8-12 Kalbsmedaillons à 60 g
Pfeffer aus der Mühle
1 TL Estragon
1 TL Rosmarin
Fett zum Braten
Weinbrand zum Flambieren
Salz
200 g Doppelrahm-Frischkäse
1 Schuß Sahne
1 Tasse frisch gehackte Kräuter
Zitronensaft
Worcestersoße
Salz
Cocktailkirschen und Kräuterzweige zum Garnieren

1. Die Kalbsmedaillons unter fließendem Wasser abwaschen und trockentupfen. Mit Pfeffer, Estragon und Rosmarin würzen. Fett in einer Pfanne erhitzen und die Medaillons darin braten.
2. Die Kalbsmedaillons flambieren und leicht salzen. In Alufolie wickeln und vollständig erkalten lassen.
3. Den Doppelrahm-Frischkäse mit der Sahne in eine Schüssel geben und glattrühren. Die gehackten Kräuter unter die Creme mischen.
4. Die Creme mit Zitronensaft, Worcestersoße, Salz und Pfeffer würzen. Die Medaillons anrichten, die Creme darauf verteilen.
5. Mit Cocktailkirschen und Kräuterzweigen ausgarnieren, anrichten und servieren.

Schweinefilet-pastete

SIE BENÖTIGEN FÜR 4 PERSONEN

1 mittelgroßes Schweinefilet
Salz
Pfeffer aus der Mühle
1 TL Majoran
1 EL geriebene Zitronenschale
1 TL Kümmel
2 Knoblauchzehen
1 TL Salz
Fett zum Braten
4 Karotten
6-8 Wirsingblätter
Gemüsebrühe zum Blanchieren
1 kg feines Bratwurstbrät
1 Becher Sahne
500 g große dünne Scheiben fetten Speck
30 g Pastetengewürz
1 Tasse Madeira
1 Tasse Portwein
6 Blatt weiße Gelatine

1. Das Schweinefilet unter fließendem Wasser abwaschen, trockentupfen. Mit Salz, Pfeffer, Majoran, Zitronenschale und gehacktem Kümmel würzen.
2. Die Knoblauchzehen schälen, fein hacken, mit Salz zu einer Paste zerreiben und das Schweinefilet damit einreiben.
3. Das Fett in einer Pfanne erhitzen und das Filet darin rundherum Farbe nehmen lassen. Herausnehmen, in Alufolie wickeln und erkalten lassen.
4. Die Karotten schälen, die Hälfte der Karotten in feine Würfel schneiden und die andere Hälfte fein reiben.
5. Die Wirsingblätter in der erhitzten Brühe kurz blanchieren, herausnehmen und bereitstellen.
6. Das Bratwurstbrät mit der Sahne und dem Pastetengewürz in eine Schüssel geben und abschlagen.
7. Ein Viertel der Brätmasse mit dem Karottenmus vermischen.
8. Die Karottenwürfel mit der restlichen Brätmasse mischen.
9. Die Hälfte der Brätmasse in eine mit Speckscheiben ausgelegte Pastetenform streichen.
10. Die Wirsingblätter mit der Hälfte der mit Karottenmus vermischten Brätmasse bestreichen, das Schweinefilet darauf legen, mit der restlichen Masse überdecken und die Wirsingblätter darüberschlagen.
11. Das so eingepackte Schweinefilet in die Pastetenform legen.
12. Mit der restlichen Brätmasse überziehen, glattstreichen und mit den Speckscheiben abdecken.
13. Das Ganze gut verschließen und im Wasserbad 60-80 Minuten garen.
14. Den Madeira mit dem Portwein und 1/4 l Gemüsebrühe in einem Topf erhitzen und die gewässerte, gut ausgedrückte Blattgelatine darin auflösen.
15. Die fertiggegarte Schweinefiletpastete erkalten lassen, stürzen. Mit dem Gelee überziehen, ausgarnieren und servieren.

Roastbeefplatte

SIE BENÖTIGEN FÜR 4-6 PERSONEN

2 kg rosa gebratenes Roastbeef
Salatblätter, Meerettich-Sahne
Kiwischeiben
halbierte Erdbeeren und Weintrauben, Kräuterzweige

1. Eine dekorative ovale Silberplatte bereitstellen.
2. Eine entsprechend ovale Schüssel mit der offenen Seite nach unten auf die Platte legen.
3. Mit den Salatblättern die restlichen Freiräume auslegen.
4. Den Boden der Schüssel mit Roastbeefscheiben belegen.
5. Den Schüsselrand von oben nach unten mit wellenartig angeordneten Roastbeefscheiben gleichmäßig belegen.
6. Die Schnittstellen an der Oberseite mit Rosetten aus Meerrettich-Sahne bespritzen und mit Kiwischeiben abdecken.
7. Mit Weintrauben, Erdbeeren und Kräuterzweigen ausgarnieren.

Kräuterdip

1 Tasse Mayonnaise
1 Becher Joghurt
1 Tasse frisch gehackte Kräuter
1 Knoblauchzehe
1 TL Salz
Pfeffer aus der Mühle
einige Tropfen Zitronensaft
einige Tropfen Worcestersoße

1. Die Mayonnaise mit dem Joghurt glattrühren. Die Kräuter und die mit Salz zerriebene Knoblauchzehe untermischen.
2. Mit Salz, Pfeffer, Zitronensaft und Worcestersoße abschmecken und zur Gemüseplatte servieren.

Eierdip

4 hartgekochte Eier
1 Tasse Mayonnaise
1/2 Becher Sahne
Salz
Pfeffer aus der Mühle
einige Tropfen Zitronensaft
einige Tropfen Worcestersoße

1. Die Eier schälen, durch ein Sieb streichen. Mit der Mayonnaise und der Sahne glattrühren.
2. Mit Salz, Pfeffer, Zitronensaft und Worcestersoße abschmecken und zu der Gemüseplatte servieren.

Tomatendip

1 Becher Crème fraîche
Saft von 1 Zitrone
2 EL Tomatenmark
1 Schuß Weißwein
1/2 Bund Oregano
1/2 Bund Basilikum
2 Tomaten
Salz
Pfeffer aus der Mühle
einige Tropfen Zitronensaft
einige Tropfen Worcestersoße

1. Die Crème fraîche mit dem Zitronensaft, dem Tomatenmark und dem Weißwein glattrühren.
2. Die verlesenen, gewaschenen und feingehackten Kräuter sowie die enthäuteten, entkernten und in Würfel geschnittenen Tomaten unter den Dip rühren.
3. Mit Salz, Pfeffer, Cayennepfeffer, Zitronensaft und Worcestersoße abschmecken, anrichten und zur Gemüseplatte servieren.

Meerrettichdip

1 Becher Sahne
1 Päckchen Sahnesteif
1 Becher Joghurt
2-3 EL frisch geriebenen Meerrettich
Salz
Pfeffer aus der Mühle
einige Tropfen Zitronensaft
einige Tropfen Worcestersoße
1 Prise Cayennepfeffer

1. Die Sahne mit dem Sahnesteif schlagen. Den Joghurt und den geriebenen Meerrettich untermischen.
2. Den Dip mit Salz, Pfeffer, Zitronensaft, Worcestersoße und Cayennepfeffer abschmecken und zur Gemüseplatte servieren.

Sardellendip

100 g Doppelrahm-Frischkäse
1 kleines Glas Sardellenfilets
1/2 Becher Sahne
1 kleine Zwiebel
Salz
Pfeffer aus der Mühle
1 Prise Cayennepfeffer
einige Tropfen Zitronensaft
einige Tropfen Worcestersoße

1. Den Doppelrahm-Frischkäse mit den sehr fein gehackten Sardellenfilets und der Sahne in eine Schüssel geben.
2. Die Zwiebel schälen, fein hacken, zum Dip geben und das Ganze im Mixer oder mit dem Pürierstab pürieren.
3. Den Dip mit Salz, Pfeffer, Cayennepfeffer, Zitronensaft und Worcestersoße abschmecken und zur Gemüseplatte servieren.

Italienische Spießchen

SIE BENÖTIGEN FÜR 4 PERSONEN

100 g italienische Salami
100 g Parmaschinken
150 g Mozzarella-Käse
1 kleines Glas gefüllte Oliven
2 rote Zwiebeln
je 1 Bund Basilikum und Oregano
Salz
Pfeffer aus der Mühle
Aceto balsamico
Olivenöl
Kräuterzweige zum Garnieren

1. Die Salamischeibchen, den in Scheiben geschnittenen Parmaschinken und den gewürfelten Mozzarella mit den halbierten Oliven und den gewürfelten Zwiebeln dekorativ auf kleinen Spießchen anrichten.
2. Das Basilikum und den Oregano fein hacken und die Spießchen in den Kräutern kurz wenden.
3. Salzen, pfeffern, anrichten. Mit Aceto balsamico und Olivenöl beträufeln. Mit Kräuterzweigen ausgarnieren und servieren.

Saure Fruchtspießchen

SIE BENÖTIGEN FÜR 4 PERSONEN

200 g Krabben oder Crevetten
200 g Ananasfruchtfleisch
200 g Melonenfruchtfleisch
100 g Kaiserfleisch
1 Bund Dill
Salz
Pfeffer aus der Mühle
Zitronensaft
Dillessig
Olivenöl
Kräuterzweige zum Garnieren

1. Die Krabben oder Crevetten unter fließendem Wasser abwaschen und trockentupfen.
2. Das Ananas- und Melonenfruchtfleisch würfeln.
3. Das in Scheiben geschnittene Kaiserfleisch mit den Krabben, den Ananas- und den Melonenstücken abwechselnd auf Spießchen stecken.
4. Den verlesenen, gewaschenen und feingehackten Dill auf einem Teller verteilen und die Fruchtspießchen darin wenden.
5. Mit Salz, Pfeffer, Zitronensaft, Dillessig und Olivenöl würzen. Anrichten, ausgarnieren und servieren.

Spießchen mit Meeresfrüchten

SIE BENÖTIGEN FÜR 4 PERSONEN

100 g Miesmuschelfleisch
100 g gekochte Tintenfische
100 g Sardellenfilets
100 g Cocktailtomaten
100 g Zucchini
Silberzwiebeln
Saft von 1 Zitrone
Worcestersoße
1/2 Bund Basilikum
Aceto balsamico
Olivenöl
Salz
Pfeffer aus der Mühle

1. Die Meeresfrüchte, die Sardellenfilets, die halbierten Cocktailtomaten und das gewürfelte Zucchinifleisch mit den Silberzwiebeln auf Spießchen stecken.
2. Mit Zitronensaft und Worcestersoße beträufeln. Mit dem gehackten Basilikum bestreuen.
3. Anrichten, mit Essig und Öl beträufeln und servieren.

Nackenspießchen

SIE BENÖTIGEN FÜR 4 PERSONEN

500 g Schweinenacken
1/2 Tasse Olivenöl
1 TL Majoran
1 TL Thymian
1 TL Rosmarin
2 Knoblauchzehen
1 kleines Glas Essiggemüse
2 Tomaten
1 rote Paprikaschote
1 grüne Paprikaschote
Aceto balsamico
Olivenöl
Salz
Pfeffer aus der Mühle

1. Den Schweinenacken in dünne Scheiben schneiden und in eine Schüssel geben.
2. Das Öl mit den Gewürzen und den feingehackten Knoblauchzehen vermischen. Die Nackenscheiben damit überziehen. Im Kühlschrank eine Stunde ruhen lassen.
3. Die Nackenscheiben braten, herausnehmen und erkalten lassen.
4. Das Fleisch mit dem Essiggemüse, den gewürfelten Tomaten sowie den gewürfelten Paprikaschoten abwechselnd auf kleine Spießchen stecken.
5. Die Spießchen anrichten, mit Aceto balsamico und Olivenöl beträufeln. Mit Salz und Pfeffer würzen, ausgarnieren und servieren.

Scampispießchen

SIE BENÖTIGEN FÜR 4 PERSONEN

12-16 Scampischwänze
2-3 EL Olivenöl
2 Knoblauchzehen
1 TL Salz
1 Zwiebel
1 Glas Weißwein
1 Tasse Fleisch- oder Fischbrühe
2-3 EL Chilisoße
2 hartgekochte Eier
1 Röhrchen Kapern
1 kleines Glas gefüllte Oliven
Salz
Pfeffer aus der Mühle
1 Prise Cayennepfeffer
1/2 Bund Basilikum
1/2 Bund Oregano
Kräuterzweige zum Garnieren

1. Die Scampischwänze unter fließendem Wasser abwaschen und gut abtropfen lassen, ausbrechen und bereitstellen.
2. Das Olivenöl in einer Pfanne erhitzen und die mit Salz zerriebenen Knoblauchzehen darin anschwitzen.
3. Die Zwiebel schälen und fein hacken. Ins Knoblauchfett geben und kurz anbraten.
4. Die Scampischwänze dazugeben und mitbraten.
5. Mit Weißwein ablöschen und mit der Fleisch- oder Fischbrühe auffüllen. Bei mäßiger Hitze 4-5 Minuten köcheln lassen. Die Scampischwänze auf Spieße stecken und dekorativ anrichten.
6. Den Sud vom Feuer nehmen und erkalten lassen. Die Chilesoße und die geschälten, feingehackten Eier einrühren.
7. Die Kapern gut abtropfen lassen, die Oliven fein hacken und ebenfalls darunter mischen.
8. Die Soße mit Salz, Pfeffer, Cayennepfeffer abschmecken. Die verlesenen, gewaschenen und feingehackten Kräuter untermischen.
9. Die Marinade gleichmäßig auf den Spießchen verteilen, anrichten, mit Kräuterzweigen ausgarnieren und servieren.

Marinierte Lachsscheiben

SIE BENÖTIGEN FÜR 4 PERSONEN

300 g Lachsfilet
einige Tropfen Zitronensaft
einige Tropfen Worcestersoße
einige Tropfen Weißweinessig
Salz
Pfeffer aus der Mühle
1/2 Bund Estragon
1/2 Bund Dill

AUSSERDEM

1 Tasse Fischbrühe
1-2 EL Dijonsenf
1 Zwiebel
2 hartgekochte Eier
1 Röhrchen Kapern
1 kleines Glas Sardellenfilets
1/2 Bund Petersilie

1. Das küchenfertige entgrätete Lachsfilet unter fließendem Wasser abwaschen, trockentupfen. Mit Zitronensaft, Worcestersoße und Weißweinessig beträufeln und mit Salz und Pfeffer würzen.
2. Den Estragon und den Dill verlesen, waschen, gut abtropfen lassen, fein schneiden bzw. hacken und den Lachs damit bestreuen.
3. Den Lachs in Frischhaltefolie wickeln und im Gefrierschrank frosten. Anschließend herausnehmen und mit der Küchenmaschine in hauchdünne Scheibchen schneiden.
4. Die Fischbrühe mit dem Dijonsenf und der geschälten, feingeraspelten Zwiebel vermischen.
5. Die Eier schälen, mit den Kapern und Sardellenfilets fein hacken. Mit der verlesenen, gewaschenen und feingehackten Petersilie unter die Marinade rühren.
6. Die Marinade mit Salz, Pfeffer, Zitronensaft, Worcestersoße und Weißweinessig kräftig abschmecken und die Lachsscheiben damit überziehen.
7. Im Kühlschrank 10-15 Minuten marinieren lassen, ausgarnieren und servieren.

Fischplatte

SIE BENÖTIGEN FÜR 4 PERSONEN

200 g geräucherten Lachs
200 g Graved Lachs
200 g Schillerlocken
200 g geräucherten Aal
Salatblätter, Zitronen
Oliven, Sahne-Meerrettich
schwarzen und roten Kaviar
gekräuterte Zwiebelringe

1. Eine quadratische, dekorative Platte bereitstellen.
2. Die Salatblätter in einer Ecke anrichten und mit einem Zitronenstern belegen.
3. Die geräucherten Lachsscheiben zusammenfalten und von dem Salat ausgehend zur gegenüber liegenden Seite dekorativ anrichten.
4. Die Graved Lachsscheiben auf der anderen Seite anrichten.
5. Den Zwischenraum mit den Stücken von Schillerlocken und Aal füllen.
6. In gleicher Richtung einige Zitronenscheiben schichtweise übereinanderlegen und mit Olivenscheiben ausgarnieren.
7. Den Lachs mit Sahne-Meerrettich-Rosetten verzieren und die Sahne mit Kaviar belegen.
8. Mit Oliven und gekräuterten Zwiebelringen die Platte ausgarnieren.

Hausmacher-Senf

200 g gelbes Senfmehl
200 g grünes Senfmehl
300 g Farinzucker
1/8 l Obstessig
1/4 l Gemüse- oder Fleischbrühe
200 g Zwiebeln
2 Lorbeerblätter
einige Nelken
einige Pfefferkörner
einige Pimentkörner
Salz
Pfeffer aus der Mühle
1 Prise Cayennepfeffer
1 Prise Zucker

1. Das gelbe Senfmehl mit dem grünen Senfmehl und dem Farinzucker in eine Schüssel geben und gut miteinander verrühren.
2. Den Obstessig mit der Gemüse- oder Fleischbrühe in einen Topf geben und zum Kochen bringen.
3. Die Zwiebeln schälen, fein reiben und in den Sud geben.
4. Die Lorbeerblätter, die Nelken, die Pfefferkörner und die Pimentkörner in einen Gewürzbeutel füllen und ebenfalls in den Sud geben. Das Ganze bei mäßiger Hitze 8-10 Minuten ziehen lassen.
5. Anschließend den heißen Sud unter das Senfmehl rühren. Mit Salz, Pfeffer, Cayennepfeffer und Zucker kräftig abschmecken.
6. Den Hausmacher Senf in saubere Einmachgläser füllen, verschließen und mindestens 3-4 Wochen an einem kühlen Ort ruhen lassen. So verliert der Senf seine Schärfe und ist dann verzehrfertig.

Hausgemachter Tomatenketchup

2,5 kg Tomaten
1/4 l Obstessig
2 Lorbeerblätter
einige Nelken
einige Wacholderbeeren
einige Pfefferkörner
einige Pimentkörner
1 Zimtstange
1/4 l Gemüse- oder Fleischbrühe
1 Schuß Weißwein
2 EL Curry
2 EL Paprikapulver
Salz
Pfeffer aus der Mühle
1 Prise Cayennepfeffer
150-200 g Zucker
1 Tasse Olivenöl
Johannisbrotkernmehl

1. Die Tomaten waschen, den Strunk herausschneiden und das Fruchtfleisch würfeln.
2. Die Tomaten mit dem Obstessig, den Lorbeerblättern, den Nelken, den Wacholderbeeren, den Pfefferkörnern, den Pimentkörnern und der Zimtstange in einen Topf geben und zum Kochen bringen.
3. Die Brühe, den Weißwein, den Curry und das Paprikapulver untermischen. Mit Salz, Pfeffer, Cayennepfeffer und Zucker nach Geschmack abschmecken.
4. Das Ganze zugedeckt bei mäßiger Hitze 30-40 Minuten köcheln lassen.
5. Anschließend durch ein Sieb passieren und erneut erhitzen. Das Olivenöl einrühren, nochmal kräftig abschmecken und mit Johannisbrotkernmehl binden.
6. Den Ketchup in saubere Flaschen füllen, verschließen und zum weiteren Verzehr bereitstellen.

Einfache Aufschnittplatte

SIE BENÖTIGEN FÜR 4 PERSONEN

400-500 g gemischten Aufschnitt

FÜR DIE GARNITUR

einige Salatblätter
1 Orange
1 Kiwi
einige Salatgurkenscheiben
einige Cocktailtomaten

1. Eine runde dekorative Platte bereitstellen.
2. Die gleichmäßig in Scheiben geschnittenen Wurstsorten zur Hälfte übereinanderklappen oder zu lockeren Röllchen zusammendrehen.
3. Sortenweise die zusammengeklappten Wurstscheiben etwa zwei Zentimeter vom Rand der Platte gleichmäßig auflegen.
4. Die Salatblätter verlesen, abwaschen, gut abtropfen lassen und in der Mitte der Aufschnittplatte die Salatblätter sortenweise dekorativ anrichten.
5. Die halbierte Orange darauflegen. Die geschälte Kiwi in der Mitte zickzackförmig einschneiden, auseinanderdrehen, so daß zwei Sterne entstehen.
6. Die Gurkenscheiben bis zur Mitte hin einschneiden und zusammendrehen. Je zwei Scheiben zusammensetzen.
7. Die Cocktailtomaten halbieren und die Platte ausgarnieren.

Einfache Käseplatte

SIE BENÖTIGEN FÜR 4 PERSONEN

2 Sorten Weichkäse ca. 200 g (Camembert, Brie, Münster, Weinkäse oder Harzer)
1 Sorte halbfesten Schnittkäse ca. 100 g (z.B. Edelpilzkäse)
2-3 Sorten Schnittkäse ca. 200 g (Gouda, Tilsiter, Edamer oder Trapistenkäse)
1 Sorte Hartkäse ca. 100-200 g (Chester, Emmentaler, Greyèzer oder Bergkäse)

FÜR DIE GARNITUR

Salatblätter
Melonenschnitze
Kiwisterne
Weintrauben
Walnußhälften
Tomatenrose

1. Eine runde dekorative Porzellan- oder Holzplatte bereitstellen.
2. Den Hartkäse in Stücke auf die Platte legen.

3. Links und rechts vom Käsestück entlang des Plattenrandes die in Scheiben geschnittenen Schnitt- und halbfesten Käsesorten anrichten.

4. Die Zwischenräume in der Mitte der Platte mit einigen Salatblättern auslegen und darauf die Weichkäsesorten anrichten.

5. Mit Melonenschnitzen, Kiwisternen, Walnußhälften und Tomatenrose die Käseplatte ausgarnieren.

Feiner Käsecocktail

SIE BENÖTIGEN FÜR 4 PERSONEN

400 g jungen Gouda
100 g gekochten Schinken
1 Zwiebel
2 säuerliche Äpfel
Saft von 1 Zitrone
1 Dose Mandarinenfilets

FÜR DAS DRESSING:

1 Becher Joghurt
1 Tasse Mayonnaise
3-4 EL Obstessig
1 EL mittelscharfen Senf
Salz
Pfeffer aus der Mühle
1 Prise Cayennepfeffer
1 Prise Zucker
je 1/2 Bund Petersilie und Schnittlauch

1. Den Gouda und den Schinken in feine Würfel schneiden und in eine Schüssel geben.
2. Die Zwiebel schälen und fein hacken.
3. Die Äpfel schälen, entkernen, in Würfel schneiden und mit Zitronensaft beträufeln.
4. Die Mandarinenfilets gut abtropfen lassen. Mit den Äpfeln und den Zwiebeln zum Käse geben und alles vorsichtig miteinander vermischen.
5. Den Joghurt mit der Mayonnaise, dem Obstessig, dem Senf und etwas Mandarinensaft glattrühren. Mit Salz, Pfeffer, Cayennpfeffer und Zucker abschmecken.
6. Die verlesenen, gewaschenen und feingeschnittenen bzw. -gehackten Kräuter unter das Dressing mischen. Den Salat damit anmachen, anrichten und servieren.

Gefüllte Eier

SIE BENÖTIGEN FÜR 4 PERSONEN

8 hartgekochte Eier

1. Die Eier pellen, halbieren und vorsichtig das Eigelb herauslösen.
2. Das Eigelb durch ein Sieb streichen und zur weiteren Verarbeitung bereitstellen.

Sardelleneier

SIE BENÖTIGEN FÜR 4 PERSONEN

1 Glas Sardellenfilets
1 Schalotte
1 Röhrchen Kapern
1/2 Bund Dill
einige Tropfen Weißwein
einige Tropfen Zitronensaft
1 Becher Tomaten Crème fraîche
Salz
Pfeffer aus der Mühle
1 Prise Cayennepfeffer
Sardellenringe
Kapern
Dillzweige zum Garnieren

1. Die Sardellenfilets, die Schalotte und die Kapern auf eine Arbeitsfläche geben und sehr fein hacken.
2. Mit der Eigelbcreme und dem verlesenen, gewaschenen und feingehackten Dill zu einer glatten Masse verrühren.
3. Mit Weißwein, Zitronensaft und Tomaten Crème fraîche verfeinern und mit den Gewürzen abschmecken.
4. Die Masse in einen Spritzbeutel füllen und in die Eiweißhälften Rosetten einspritzen. Mit Sardellenringen, Kapern und Dillzweigen ausgarnieren und anrichten.

Kräutereier

SIE BENÖTIGEN FÜR 4 PERSONEN

1 Tasse Mayonnaise
1 Tasse frisch gehackte Kräuter
einige Tropfen Zitronensaft
einige Tropfen Worcestersoße
Salz, Pfeffer aus der Mühle
2 Tomaten
Kräuterzweige zum Garnieren

1. Die Mayonnaise mit den gehackten Kräutern vermischen, mit den Gewürzen abschmecken.
2. Die Eigelbcreme unterrühren, die Masse in einen Spritzbeutel füllen und in die Eiweißhälften Rosetten einspritzen.
3. Die enthäuteten, entkernten und in Streifen geschnittenen Tomaten dekorativ mit den Kräuterzweigen auf den Eiern anrichten.

Thunfischeier

SIE BENÖTIGEN FÜR 4 PERSONEN

200 g Thunfisch in Öl
1 Becher Crème fraîche
Salz
Pfeffer aus der Mühle
1 Prise Cayennepfeffer
einige Tropfen Aceto balsamico
1 kleines Glas Keta-Kaviar
Kräuterzweige zum Garnieren

1. Den Thunfisch in eine Schüssel geben. Mit einer Gabel zerpflücken Mit der Crème fraîche und dem Eigelb glattrühren.
2. Mit Salz, Pfeffer, Cayennepfeffer und Aceto balsamico würzen. In einen Spritzbeutel füllen und in die Eiweißhälften Rosetten einspritzen.
3. Mit Keta-Kaviar und Kräuterzweigen garnieren und anrichten.

Senfeier

SIE BENÖTIGEN FÜR 4 PERSONEN

1 Zwiebel, 1-2 EL Dijonsenf
1 Knoblauchzehe
1 Röhrchen Kapern
1/2 Tasse frisch gehackte Kräuter
Salz, Pfeffer
1 Prise Cayennepfeffer
Weißweinessig, Zitronensaft

1. Die Zwiebel schälen, sehr fein hacken. Mit der Eigelbcreme, dem Senf, der gehackten Knoblauchzehe, den Kapern sowie den Kräutern glattrühren.
2. Mit den Gewürzen kräftig abschmecken. In einen Spritzbeutel füllen und Rosetten in die Eiweißhälften einspritzen, ausgarnieren und servieren.

Eier mit Kalbsleberfüllung

SIE BENÖTIGEN FÜR 4 PERSONEN

100 g feine Kalbsleber-Wurst
1/2 Becher Joghurt
1 Schalotte, 1/2 Bund Schnittlauch
Salz, Pfeffer aus der Mühle
1 Prise Cayennepfeffer
einige Tropfen Weinbrand
1 kleine Dose schwarze Trüffel

1. Die Kalbsleber-Wurst mit dem Joghurt glattrühren.
2. Die gehackte Schalotte, die Eigelbcreme und den feingeschnittenen Schnittlauch zur Masse geben und glattrühren.
3. Mit den Gewürzen abschmecken und mit Weinbrand aromatisieren. In einen Spritzbeutel füllen und in die Eiweißhälften Rosetten einspritzen.
4. Die Trüffel in feine Scheibchen schneiden, die Eier damit ausgarnieren und anrichten.

Gurken mit Krabbensalat

SIE BENÖTIGEN FÜR 4 PERSONEN

1 Salatgurke
100 g Krabben oder Crevetten
2 Scheiben Ananas
100 g frische Champignons
Saft von 1/2 Zitrone
1 Tasse grüne Erbsen
1 Tasse Karottenwürfel
1 Becher Magerjoghurt
1/2 Tasse Mayonnaise
1/2 Bund Dill
Salz, Pfeffer aus der Mühle
1 Prise Zucker
einige Tropfen Weinbrand
Kräuterzweige zum Garnieren

1. Die Salatgurke putzen und halbieren. Mit einem Teelöffel das Kerngehäuse herauslösen. Anschließend die Gurkenstücke nochmals quer halbieren.
2. Die Krabben oder Crevetten unter fließendem Wasser abwaschen, gut abtropfen lassen und in eine Schüssel geben.
3. Die Ananasscheiben in feine Würfel schneiden. Die Champignons putzen. In Scheiben schneiden und mit Zitronensaft beträufeln.
4. Die Ananas mit den Champignons, den Erbsen und den Karottenwürfeln zu den Krabben geben und alles vorsichtig miteinander vermischen.
5. Den Joghurt mit der Mayonnaise und dem verlesenen, gewaschenen und feingehackten Dill verrühren. Mit Salz, Pfeffer, Zucker und Weinbrand kräftig würzen.
6. Den Salat dekorativ in die Gurkenhälften füllen, mit Kräuterzweigen ausgarnieren, anrichten und servieren.

Gefülltes Gemüse

SIE BENÖTIGEN FÜR 4 PERSONEN

8-12 mittelgroße Tomaten
Salz, Pfeffer aus der Mühle
75 g gekochten Schinken
1 Tasse grüne Erbsen
1 Tasse Kidney-Bohnen
1 Tasse Mais
1 rote Paprikaschote
1 grüne Paprikaschote
1 Becher Magerjoghurt
1/2 Tasse Mayonnaise
2-3 EL Obstessig
1/2 TL Curry
Zitronensaft, Worcestersoße
Kräuterzweige zum Garnieren

1. Von den Tomaten eine Haube abschneiden und die Tomaten mit einem Teelöffel aushöhlen.
2. Die Tomaten mit der offenen Seite nach unten auf ein sauberes Küchentuch zum Abtrocknen legen. Mit Salz und Pfeffer würzen.
3. Den gekochten Schinken fein würfeln. Mit den Erbsen, den Kidney Bohnen und dem Mais in eine Schüssel geben.
4. Die Paprikaschoten halbieren, entkernen, fein würfeln. Zum Gemüse geben und vermischen.
5. Den Joghurt mit der Mayonnaise und dem Obstessig glattrühren, mit Curry, Zitronensaft, Worcestersoße, Salz und Pfeffer kräftig abschmecken.
6. Den Salat in die Tomaten füllen, anrichten, mit Kräuterzweigen ausgarnieren und servieren.

Champignons mit Mett

SIE BENÖTIGEN FÜR 4 PERSONEN

8-12 mittelgroße Champignonköpfe
Saft von 1 Zitrone
250 g Schweinemett
2 Zwiebeln
Salz
Pfeffer aus der Mühle
1 Prise Cayennepfeffer
1 EL grüne Pfefferkörner
1/2 Tasse frisch gehackte Kräuter (Petersilie, Schnittlauch)
einige Tropfen Weinbrand
Kräuterzweige und gehackte Essiggurken zum Garnieren

1. Die Champignonköpfe verlesen, waschen, gut abtropfen lassen und die Stiele herausdrehen. Beides mit Zitronensaft beträufeln.
2. Das Schweinemett in eine Schüssel geben. Die gehackten Champignonstiele und die geschälten, gehackten Zwiebeln dazugeben und alles miteinander vermischen.
3. Das Mett mit Salz, Pfeffer, Cayennepfeffer und den grünen Pfefferkörnern würzen.
4. Die gehackten Kräuter untermischen und mit Weinbrand aromatisieren.
5. Das Mett gleichmäßig in die Champignonköpfe füllen. Mit Kräuterzweigen und gehackten Essiggurken ausgarnieren, anrichten und servieren.

Gefüllter Staudensellerie

SIE BENÖTIGEN FÜR 4 PERSONEN

1 großen Staudensellerie

FÜR DIE KRÄUTERCREME

300 g Doppelrahm-Frischkäse
1 Schuß Sahne
2 Knoblauchzehen
1 TL Salz
einige Tropfen Weinbrand
einige Tropfen Zitronensaft
Salz
Pfeffer aus der Mühle
1 Prise Cayennepfeffer
1 Tasse frisch gehackte Kräuter (Dill, Estragon, Kerbel, Kresse)

1. Den Staudensellerie putzen, unter fließendem Wasser abwaschen, gut abtropfen lassen und die einzelnen Stangen dekorativ anrichten.
2. Für die Kräutercreme den Doppelrahm-Frischkäse mit der Sahne und den mit Salz zerriebenen Knoblauchzehen glattrühren.
3. Die Creme mit Weinbrand, Zitronensaft, Salz, Pfeffer und Cayennepfeffer kräftig abschmecken und die gehackten Kräuter untermischen.
4. Die Masse in einen Spritzbeutel füllen und die Stangen damit füllen.
5. Den gefüllten Staudensellerie mit Kräuterzweigen ausgarnieren und servieren.

Tatarfüllung

SIE BENÖTIGEN FÜR 4 PERSONEN

300 g Tatar
2 Eigelb
2 Essiggurken
1 Zwiebel
1 Röhrchen Kapern
2 Sardellenfilets
1 EL grüne Pfefferkörner
einige Tropfen Weinbrand
1/2 Bund Petersilie
Salz
Pfeffer aus der Mühle
1 Prise Cayennepfeffer

1. Das Tatar mit dem Eigelb in eine Schüssel geben.
2. Die Essiggurken, die geschälte Zwiebel, die Kapern und die Sardellenfilets sehr fein hacken und zum Tatar geben.
3. Das Ganze mit einer Gabel vermischen. Mit Weinbrand aromatisieren und die verlesene, gewaschene und feingehackte Petersilie untermischen.
4. Das Tatar mit Salz, Pfeffer und Cayennepfeffer kräftig abschmecken und dekorativ in dem Staudensellerie verteilen, ausgarnieren, anrichten und servieren.

Scharfer Tomatenquark

SIE BENÖTIGEN FÜR 4 PERSONEN

300 g Speisequark
1 Schuß Sahne
2-3 EL Tomatenmark
je 1/2 Bund Oregano und Basilikum
2 Tomaten
Salz, Pfeffer aus der Mühle
1 Prise Cayennepfeffer
einige Tropfen Zitronensaft
einige Tropfen Pfeffersoße

1. Den Speisequark mit der Sahne und dem Tomatenmark in eine Schüssel geben und glattrühren.
2. Den Oregano und das Basilikum waschen, fein hacken, mit den enthäuteten, entkernten und in feine Würfel geschnittenen Tomaten unter den Quark rühren.
3. Den Quark mit Salz, Pfeffer, Cayennepfeffer, Zitronensaft und Pfeffersoße kräftig abschmecken. In den Staudensellerie füllen, anrichten und servieren.

Eiercreme

SIE BENÖTIGEN FÜR 4 PERSONEN

200 g Doppelrahm-Frischkäse
1 Schuß Sahne
4 hartgekochte Eier
Saft von 1/2 Zitrone
Salz
Pfeffer aus der Mühle
1 Prise Cayennepfeffer
1 Prise Zucker
1 Prise Muskatpulver
4 cl Eierlikör

1. Den Doppelrahm-Frischkäse mit der Sahne glattrühren.
2. Die Eier schälen, durch ein Sieb streichen und anschließend mit der Frischkäse-Masse verrühren.
3. Das Ganze mit Salz, Pfeffer, Cayennepfeffer, Zucker und Muskat kräftig abschmecken und mit Eierlikör aromatisieren.
4. Die Eiercreme gleichmäßig in den Staudensellerie füllen, anrichten, ausgarnieren und servieren.

Spargelsalat mit Räucherfisch

SIE BENÖTIGEN FÜR 4 PERSONEN

500 g frischen Stangenspargel
1/2 l Gemüsebrühe
1-2 EL Butter, 1/2 Zitrone
1 Glas Weißwein, 1 Lorbeerblatt
Salz, Pfeffer aus der Mühle
1 Prise Zucker
100 g frische Pfifferlinge
250 g Räucherfisch
1/2 Tasse Spargelfond
1 EL Dijonsenf, 3 EL Dillessig
3-4 EL Olivenöl, 1/2 Bund Kerbel

1. Den Stangenspargel dünn schälen und in 2-3 Zentimeter lange Stücke schneiden.
2. Die Gemüsebrühe mit der Butter, der Zitrone, dem Weißwein und dem Lorbeerblatt zum Kochen bringen.
3. Mit Salz, Pfeffer und Zucker abrunden. Den Spargel in den Sud legen und bei mäßiger Hitze 10-12 Minuten gar ziehen lassen.
4. Anschließend den Spargel herausnehmen, gut abtropfen lassen und in eine Schüssel geben.
5. Die Pfifferlinge in den Spargelsud geben und bei mäßiger Hitze 4-5 Minuten garen. Herausnehmen, gut abtropfen lassen und zum Spargel geben.
6. Den Räucherfisch in mundgerechte Stücke schneiden und unter den Salat heben.
7. Den Spargelfond mit dem Dijonsenf und dem Dillessig glattrühren, mit Salz, Pfeffer und Zucker abrunden und das Olivenöl einrühren.
8. Den feingeschnittenen Kerbel mit dem Dressing zum Salat geben und alles vorsichtig vermischen.
9. Den Salat im Kühlschrank 10-15 Minuten ziehen lassen, anrichten, ausgarnieren und servieren.

Salat „Neptun"

SIE BENÖTIGEN FÜR 4 PERSONEN

200 g gekochtes Miesmuschelfleisch
200 g gekochte Tintenfische
200 g Krabben oder Crevetten
1 kleines Glas gefüllte Oliven
100 g frische Champignons
Saft von 1 Zitrone, 2 EL Olivenöl
2 Knoblauchzehen, 1 TL Salz
1 Zwiebel
1 kleine Dose geschälte Tomaten
1 Schuß Weißwein
Aceto balsamico
Salz, Pfeffer aus der Mühle
1 Prise Zucker
1/2 Bund Basilikum
1/2 Bund Oregano

1. Die Meeresfrüchte abwaschen, gut abtropfen lassen und in eine Schüssel geben.
2. Die Oliven in Scheiben schneiden. Mit den in Scheiben geschnittenen und mit Zitronensaft beträufelten Champignons unter die Meeresfrüchte heben.
3. Das Olivenöl in einer Pfanne erhitzen und die mit Salz zerriebenen Knoblauchzehen anschwitzen.
4. Die Zwiebel schälen und fein hacken, ins Knoblauchfett geben und kurz mitschwitzen.
5. Die geschälten Tomaten mit einer Gabel zerdrücken. Mit dem Weißwein zu den Zwiebeln geben und bei starker Hitze kurz einreduzieren lassen.
6. Die Soße vom Feuer nehmen, erkalten lassen. Mit Aceto balsamico, Salz, Pfeffer und Zucker kräftig abschmecken.
7. Den Salat damit anmachen, die feingehackten Kräuter untermischen. Den Salat „Neptun" anrichten und servieren.

Marinierter Spargel mit Hummerkrabben

SIE BENÖTIGEN FÜR 4 PERSONEN

1 kg Stangenspargel, 1 l Brühe
1 Zitrone, 1-2 EL Butter
1 Prise Zucker
Salz, Pfeffer aus der Mühle
1 Tasse Spargelfond
1-2 EL Dijonsenf
1/2 Tasse Obstessig
1/2 Tasse Olivenöl
1 Zwiebel, 2 hartgekochte Eier
1/2 Bund Schnittlauch
1/2 Bund Kerbel
1/2 Bund Estragon
8-12 Hummerkrabbenschwänze
Zitronensaft, Worcestersoße
Butter zum Braten

1. Den Stangenspargel schälen.
2. Die Brühe mit der halbierten Zitrone und der Butter zum Kochen bringen.
3. Mit Zucker, Salz und Pfeffer abschmecken und den Spargel darin bei mäßiger Hitze 10-15 Minuten gar ziehen lassen.
4. Den Spargel herausnehmen, in eine Kokotte legen und erkalten lassen.
5. Den Spargelfond mit dem Dijonsenf, dem Obstessig und dem Olivenöl glattrühren.
6. Die feingehackte Zwiebel, die gehackten Eier und die feingehackten Kräuter unterrühren.
7. Das Ganze abschmecken, auf dem Spargel verteilen und im Kühlschrank 10-15 Minuten ziehen lassen.
8. Die Hummerkrabbenschwänze aus der Schale brechen. Mit Zitronensaft und Worcestersoße beträufeln. Salzen, pfeffern und in der Butter braten.
9. Den Spargel und die Hummerkrabbenschwänze anrichten und servieren.

Blattsalat mit Orangendressing

SIE BENÖTIGEN FÜR 4 PERSONEN

100 g Eisbergsalat
100 g Bataviasalat
100 g Radicchiosalat
1 Bund Radieschen
1 rote Paprikaschote
100 g Zuckermais
75 g Emmentalerkäse
75 g gekochten Schinken

FÜR DAS DRESSING

1 Tasse Orangensaft
1-2 EL Dijonsenf
1/2 Tasse Obstessig
1/2 Tasse Speisequark
1 Becher Joghurt
1 Becher saure Sahne
2 EL Orangengelee
Salz
Pfeffer aus der Mühle
Cayennepfeffer
Zucker
1-2 EL geriebenen Meerrettich
1/2 Bund Zitronenmelisse
1/2 Bund Pfefferminze
2 Tassen Knoblauch-Croutons

1. Die Blattsalate verlesen, waschen, gut abtropfen lassen. In mundgerechte Stücke zerpflücken und in eine Schüssel geben.
2. Die Radieschen putzen und in Scheiben schneiden. Die Paprikaschote halbieren, entkernen und in Streifen schneiden.
3. Den Zuckermais abwaschen, gut abtropfen lassen. Den Emmentaler und den Schinken in Streifen schneiden. Mit den Zutaten unter den Blattsalat heben.
4. Für das Dressing den Orangensaft mit dem Dijonsenf, dem Obstessig, dem Speisequark, dem Joghurt und der sauren Sahne sowie dem Orangengelee glattrühren.
5. Das Dressing mit Salz, Pfeffer, Cayennepfeffer und Zucker kräftig abschmecken und mit Meerrettich abrunden.
6. Den Salat dekorativ anrichten. Mit dem Dressing überziehen. Die verlesenen, gewaschenen und feingeschnittenen Kräutern sowie die Knoblauch-Croutons darüber streuen, ausgarnieren und servieren.

Krautsalat mit saurer Sahne

SIE BENÖTIGEN FÜR 4 PERSONEN

600 g Weißkraut
1/2 l Gemüsebrühe
1/2 Tasse Obstessig, 1 EL Salz

AUSSERDEM

2 EL Olivenöl
150 g durchwachsenen geräucherten Speck
2 Zwiebeln
1 Glas Weißwein
2 Becher saure Sahne
Saft von 1 Zitrone
Salz, Pfeffer aus der Mühle
Cayennepfeffer, Zucker
4 Tomaten
1 Kästchen Kresse
1 Bund Basilikum

1. Das Weißkraut in feine Streifen schneiden oder hobeln. Unter fließendem Wasser abwaschen, gut abtropfen lassen.
2. Die Gemüsebrühe in einen Topf geben, erhitzen und das Weißkraut darin kurz blanchieren. Herausnehmen, gut abtropfen lassen und in eine Schüssel geben.
3. Den Obstessig und das Salz gleichmäßig dazugeben. Das Ganze mit den Händen so lange kneten, bis das Weißkraut weich und geschmeidig geworden ist.
4. Das Olivenöl in einer Pfanne erhitzen und den in feine Würfel geschnittenen Speck braten.
5. Die Zwiebeln schälen, fein hacken, zum Speck geben und kurz mitbraten.
6. Mit Weißwein ablöschen, die saure Sahne und den Zitronensaft untermischen. Vom Feuer nehmen, mit Salz, Pfeffer, Cayennepfeffer und Zucker kräftig abschmecken und das Weißkraut damit anmachen.
7. Die Tomaten enthäuten, entkernen, in Würfel schneiden. Die Kresse verlesen und das Basilikum verlesen, waschen, grob hacken. Mit den Tomatenwürfeln unter den Krautsalat heben, anrichten, ausgarnieren und servieren.

Saures Paprikagemüse

SIE BENÖTIGEN FÜR 4 PERSONEN

2 Zwiebeln
2 rote Paprikaschoten
2 grüne Paprikaschoten
1 kleine Aubergine
3 EL Olivenöl
2-3 Knoblauchzehen, 1 TL Salz
1 Glas Weißwein
1 kleinen Zucchino
100 g Champignons
Saft von 1 Zitrone
1 große Dose geschälte Tomaten
1 TL Oregano
1 TL Basilikum
einige Tropfen Aceto balsamico
Salz, Pfeffer aus der Mühle
1 Prise Zucker
1 Prise Cayennepfeffer

1. Die Zwiebeln schälen und in mundgerechte Würfel schneiden.
2. Die Paprikaschoten halbieren, entkernen, waschen und in grobe Würfel schneiden.
3. Die Aubergine putzen, waschen und in Würfel schneiden. Mit Salz bestreuen und 10 Minuten ziehen lassen. Anschließend erneut unter fließendem Wasser abwaschen.
4. Das Olivenöl in einem Topf erhitzen. Die geschälten und mit Salz zerriebenen Knoblauchzehen darin anschwitzen.
5. Das Gemüse dazugeben. Bei mäßiger Hitze und unter ständigem Rühren braten.
6. Mit Weißwein ablöschen und das Gemüse 6-8 Minuten dünsten.
7. Den Zucchino putzen, in Würfel schneiden. Mit den halbierten und mit Zitronensaft beträufelten Champignons zum Gemüse geben und weitere 3-4 Minuten garen.
8. Die geschälten Tomaten mit einer Gabel zerdrücken und zum Gemüse geben. Das Ganze mit Oregano, Basilikum, Aceto balsamico, Salz, Pfeffer, Zucker und Cayennepfeffer kräftig abschmecken. Vom Feuer nehmen, vollständig erkalten lassen, anrichten, ausgarnieren und servieren.

Pikante Bohnen

SIE BENÖTIGEN FÜR 4 PERSONEN

2 kg Wachsbohnen
500 g Karotten
250 g Zwiebeln
6-8 Chilischoten
4 Knoblauchzehen
1 l Gemüsebrühe
3/4 l Weißwein
1/4 l Estragonessig
1 Bund Bohnenkraut
4 EL Salz
100 g Zucker
einige Lorbeerblätter
einige Nelken
einige Pfefferkörner
einige Wacholderbeeren

1. Die verlesenen, geputzten, gewaschenen und gut abgetropften Wachsbohnen bereitstellen.
2. Die Karotten schälen und in Stifte schneiden.
3. Die Zwiebeln schälen und vierteln. Die Chilischoten waschen, halbieren und entkernen.
4. Die Knoblauchzehen schälen und in Stifte schneiden.
5. Die Wachsbohnen mit den Karotten, den Zwiebeln, den Chilischoten und den Knoblauchzehen schichtweise in saubere Einmachgläser füllen.
6. Die Gemüsebrühe mit dem Weißwein, dem Estragonessig, dem verlesenen Bohnenkraut, dem Salz, dem Zucker, den Lorbeerblättern, den Nelken, den Pfefferkörnern und den Wacholderbeeren in einen Topf geben und zum Kochen bringen.
7. Den Sud gleichmäßig auf dem Gemüse verteilen. Die Einmachgläser verschließen. Bei mäßiger Hitze 30-40 Minuten einkochen.
8. Die Einmachgläser herausnehmen, vollständig erkalten lassen und zum weiteren Verzehr bereitstellen.

Krabbencocktail

SIE BENÖTIGEN FÜR 4 PERSONEN

400 g ausgelöstes Krabbenfleisch
2 Schalotten
100 g frische Champignons
Saft von 1 Zitrone
8 Cocktailtomaten
2 Scheiben Ananas
100 g weiße und blaue Weintrauben
1 Kästchen Kresse
1 Tasse geschlagene Sahne
1 Tasse Mayonnaise
2-3 EL Chilisoße
2 cl Weinbrand
Zitronensaft
Worcestersoße
Salz
Pfeffer aus der Mühle
1 Prise Cayennepfeffer
1 Prise Zucker

1. Das Krabbenfleisch unter fließendem Wasser abwaschen, gut abtropfen lassen und in eine Schüssel geben.
2. Die geschälten und feingehack ten Schalotten dazugeben.
3. Die Champignons verlesen, waschen, gut abtropfen lassen. In Scheiben schneiden und mit Zitronensaft beträufeln. Die Cocktailtomaten waschen und halbieren. Mit den Champignons zum Krabbenfleisch geben.
4. Die Ananasscheiben in Würfel schneiden, die Weintrauben waschen, halbieren, entkernen und ebenfalls zum Krabbenfleisch geben.
5. Die Kresse verlesen, waschen, gut abtropfen lassen, kleinschneiden. Mit den restlichen Zutaten vorsichtig vermischen.
6. Die geschlagene Sahne mit der Mayonnaise. Mit der Chilisoße sowie dem Weinbrand glattrühren.
7. Die Soße mit Zitronensaft, Worcestersoße, Salz, Pfeffer, Cayennepfeffer und Zucker kräftig abschmecken. Den Krabbencocktail damit anmachen, dekorativ anrichten, ausgarnieren und servieren.

Zuppa Romana

SIE BENÖTIGEN FÜR 4 PERSONEN

1 Bisquitboden
1 Glas Amarenakirschen
1/2 Tasse Grappa
1/2 Tasse Kirschlikör

AUSSERDEM

1/2 l Milch
2 EL geriebene Zitronenschale
2 Päckchen Vanillezucker
8 Eigelb
Zucker nach Geschmack
6 Blatt weiße Gelatine
1/2 Tasse Pinienkerne
1/2 Tasse Pistazienkerne
1/2 Tasse Mandelsplitter

AUSSERDEM

1 Becher Sahne
1 Päckchen Sahnesteif

1. Den Bisquitboden in längliche Streifen von der Größe einer Kastenform schneiden.
2. Die Amarenakirschen gut abtropfen lassen. Den Saft mit dem Grappa und dem Kirschlikör vermischen.
3. Die Milch mit der Zitronenschale, dem Vanillezucker und dem Eigelb verschlagen und je nach Geschmack mit Zucker süßen.
4. Das Ganze im Wasserbad oder auf dem Herd zu einem Schaum aufschlagen. Vom Feuer nehmen, die gewässerte, gut ausgedrückte Gelatine dazugeben und so lange rühren, bis sich die Gelatine aufgelöst hat.
5. Das Ganze kaltschlagen und bereitstellen.
6. Eine Kastenform mit dem Bisquit belegen, mit einem Drittel des Saftes den Boden tränken. Mit einem Drittel der Amarenakirschen belegen und mit einem Drittel der Creme überziehen.
7. Ein Drittel der Nüsse gleichmäßig darauf streuen und mit einem Bisquitboden abdecken.
8. Wie beschrieben die nächsten beiden Schichten einfüllen und zum Schluß mit einer Teigschicht abdecken.
9. Das Ganze beschweren und im Gefrierschrank kurz anfrosten.
10. Die Zuppa Romana aus der Form stürzen. Mit geschlagener, gesüßter Sahne überziehen, ausgarnieren und servieren.

Eisbombe „Traumschiff"

SIE BENÖTIGEN FÜR 4 PERSONEN

1 Bisquitboden
1 Tasse Orangenlikör
1/2 Tasse Maraschino
1 Pfirsich
1 Nektarine
100 g weiße und blaue Weintrauben
2 Kiwis
1 Mango
1 Saft von 1 Zitrone
1 Päckchen Vanillezucker
1 Tasse Rumrosinen
4 cl weißen Rum
Zucker nach Geschmack
4 Portionen Fürst Pückler Eiscreme

AUSSERDEM

4 Eiweiß
100 g Zucker
Belegkirschen
kandierte Früchte
Kokosflocken und Pistazien zum Garnieren
6-8 große Sternwerfer

1. Den Bisquitboden in dünne große Scheiben schneiden. Die Scheiben mit Orangenlikör und Maraschino beträufeln und bereitstellen.
2. Den Pfirsich, die Nektarine waschen, halbieren, entkernen und beides in Würfel schneiden.
3. Die Weintrauben waschen, halbieren, entkernen und zu den Früchten geben.
4. Die Kiwis schälen, in Würfel schälen. Die Mango schälen, das Fruchtfleisch vom Kern lösen und ebenfalls würfeln. Alle Früchte vorsichtig miteinander vermischen. Mit Zitronensaft beträufeln und mit Vanillezucker aromatisieren.
5. Die Rumrosinen untermischen und mit Rum verfeinern. Je nach Geschmack mit Zucker süßen.
6. Einen Teigboden auf eine dekorative Platte legen. Die Früchte und das Fürst Pückler Eis gleichmäßig auf dem Teig verteilen.
7. Mit den restlichen Teigplatten das Ganze vollständig abdecken.
8. Das Eiweiß steifschlagen und den Zucker unter ständigem Schlagen einrieseln lassen.
9. Die Eisbombe damit gleichmäßig überziehen. Mit Belegkirschen und kandierten Früchten ausgarnieren und unter dem Grill oder bei sehr starker Oberhitze goldgelb überbacken. Herausnehmen und frosten.
10. Vor dem Servieren mit Kokosflocken und Pistazien bestreuen. Die Sternwerfer in die Eisbombe stecken, anzünden und so sofort servieren.

Kirschen mit Marsalaschaum

SIE BENÖTIGEN FÜR 4 PERSONEN

400 g Süßkirschen
4 cl Kirschlikör
Saft von 1 Zitrone
2 EL Zucker
2 EL Pinienkerne
2 EL Pistazienkerne

AUSSERDEM

1/2 Tasse Marsala
1 Tasse Weißwein
Saft von 1 Orange
5 Eigelb
1 Päckchen Vanillezucker
Melissen- und Pfefferminzzweige zum Garnieren

1. Die Süßkirschen verlesen, waschen, gut abtropfen lassen, entkernen und in eine Schüssel geben.
2. Den Kirschlikör mit dem Zitronensaft und dem Zucker verrühren und über die Kirschen geben. Im Kühlschrank 10-15 Minuten ziehen lassen.
3. Die Pinien- und Pistazienkerne untermischen und die Kirschen dekorativ anrichten.
4. Den Marsala mit dem Weißwein und dem Orangensaft sowie den Eigelben in einer feuerfesten Schüssel verschlagen und den Vanillezucker einrühren.
5. Das Ganze im Wasserbad oder auf dem Herd zu einem Schaum aufschlagen.
6. Den Schaum je nach Geschmack zuckern und gleichmäßig auf die Kirschen verteilen. Mit Melissen- und Pfefferminzzweigen garnieren, anrichten und servieren.

Überbackene Fruchtfilets

SIE BENÖTIGEN FÜR 4 PERSONEN

2 Orangen, 2 Mangos
2 Papayas
4 cl Orangenlikör
50 g Kokosflocken
1 kleine Tasse Weißwein
1 Päckchen Vanillezucker
3-4 EL Honig
250 g Speisequark
Saft von 1 Zitrone
Saft von 1 Orange
1 EL geriebene Zitronenschale
1 Päckchen Vanillezucker
100 g Rumrosinen
Zucker nach Geschmack
2 Eiweiß
3 EL Zucker

1. Die Orangen, die Mangos und die Papayas schälen, die Orangen filieren.
2. Das Mangofruchtfleisch in Schnitzen vom Kern lösen.
3. Die Papayas entkernen und ebenfalls in Schnitze schneiden. Die Früchte dekorativ auf Tellern anrichten.
4. Mit Orangenlikör beträufeln und mit Kokosflocken bestreuen.
5. Den Weißwein leicht erhitzen, den Vanillezucker und den Honig darin vollständig auflösen lassen und auf die Filets geben.
6. Den Speisequark mit dem Zitronensaft und dem Orangensaft glattrühren. Die geriebene Zitronenschale, den Vanillezucker und die Rumrosinen einrühren.
7. Je nach Geschmack mit Zucker süßen. Das Eiweiß steif schlagen, den Zucker einrieseln lassen und vorsichtig unter den Quark heben.
8. Den Quark dekorativ auf die Früchte verteilen und unter dem Grill oder bei sehr starker Hitze kurz backen. Herausnehmen, anrichten, ausgarnieren und servieren.

Fruchtsalat mit Nüssen

SIE BENÖTIGEN FÜR 4 PERSONEN

1 Apfel
1 Birne
1 Pfirsich
1 Banane
Saft von 1 Zitrone
2 Kiwis
1/2 Honigmelone
1 Tasse Weißwein, 4 EL Honig
1 Päckchen Vanillezucker
4 cl Maraschino
2 EL Pinienkerne
2 EL Pistazienkerne
1/2 Tasse Walnußkerne

AUSSERDEM

1 Becher Sahne
Zucker und Vanillezucker nach Geschmack

1. Den Apfel und die Birne schälen, entkernen und in feine Scheiben oder Würfel schneiden.
2. Den Pfirsich waschen, halbieren und entkernen, ebenfalls in Würfel oder Scheiben schneiden.
3. Die Banane schälen, in Scheiben schneiden. Mit den restlichen Früchten vermischen und mit Zitronensaft sofort beträufeln.
4. Die Kiwis schälen, in Würfel oder Scheiben schneiden. Mit einem Kugelausstecher das ausgelöste Honigmelonenfleisch ausstechen und unter die restlichen Früchte heben.
5. Den Weißwein leicht erwärmen und den Honig darin auflösen lassen. Mit Vanillezucker verfeinern und den Fruchtsalat damit anmachen.
6. Mit Maraschino verfeinern und im Kühlschrank 10-15 Minuten ziehen lassen.
7. Den Fruchtsalat anrichten, mit den Nüssen bestreuen. Mit der geschlagenen mit Zucker und Vanillezucker gesüßten Sahne ausgarnieren und servieren.

Register